MARX

UMA INTRODUÇÃO

JORGE GRESPAN

MARX

UMA INTRODUÇÃO

© Boitempo, 2021

Direção editorial	Ivana Jinkings
Edição	Pedro Davoglio
Coordenação de produção	Juliana Brandt
Assistência editorial	Carolina Mercês
Assistência de produção	Livia Viganó
Preparação	Mariana Echalar
Revisão	Carolina Hidalgo Castelani
Capa	Maikon Nery
Diagramação	Antonio Kehl

Equipe de apoio Artur Renzo, Camila Nakazone, Débora Rodrigues, Elaine Ramos, Frederico Indiani, Heleni Andrade, Higor Alves, Jessica Soares, Kim Doria, Luciana Capelli, Marina Valeriano, Marissol Robles, Marlene Baptista, Maurício Barbosa, Raí Alves, Thais Rimkus, Tulio Candiotto

CIP-BRASIL. CATALOGAÇÃO NA PUBLICAÇÃO
SINDICATO NACIONAL DOS EDITORES DE LIVROS, RJ

G852m

Grespan, Jorge
Marx : uma introdução / Jorge Grespan. - 1. ed. - São Paulo : Boitempo, 2021. 104 p.

Inclui bibliografia
ISBN 978-65-5717-069-4

1. Marx, Karl, 1818-1883. 2. Economia marxista. 3. Capital (Economia). 4. Filosofia marxista. I. Título.

21-70051

CDD: 335.4
CDU: 330.85

Meri Gleice Rodrigues de Souza - Bibliotecária - CRB-7/6439

É vedada a reprodução de qualquer parte deste livro sem a expressa autorização da editora.

1ª edição: abril de 2021;
7ª reimpressão: outubro de 2024

BOITEMPO
Jinkings Editores Associados Ltda.
Rua Pereira Leite, 373
05442-000 São Paulo SP
Tel.: (11) 3875-7250 / 3875-7285
editor@boitempoeditorial.com.br
boitempoeditorial.com.br | blogdaboitempo.com.br
facebook.com/boitempo | twitter.com/editoraboitempo
youtube.com/tvboitempo | instagram.com/boitempo

Sumário

Nota explicativa 7

Apresentação 9

1. Alienação 17

2. Mercadoria e capital 29

3. Fetichismo, para além da mercadoria 43

4. Ideias e representações 55

5. Crises econômicas 65

6. História e revolução 77

Referências bibliográficas 89

Bibliografia sugerida 91

Obras de Marx publicadas no Brasil 93

Cronologia 97

Sobre o autor 101

Nota explicativa

Este pequeno volume é resultado de um trabalho feito ao longo do tempo. Uma primeira versão foi publicada em 2006, na série "Folha Explica", da Publifolha. Acatei com entusiasmo a proposta da Boitempo de republicá-lo agora. Contudo, passados quinze anos, considerei que uma mera revisão pontual de construções sintáticas para tornar o texto mais claro seria insuficiente. A releitura da edição original mostrou-me que muitas de minhas explicações precisavam ser aprimoradas. Isso porque, nesse período, marcado pela crise econômica de 2008, pude aproveitar-me do trabalho intenso com estudantes em sala de aula, de suas instigantes questões, para elaborar uma exposição da teoria prática de Karl Marx adequada aos impasses do tempo (e da crise) presente. Além disso, minhas pesquisas para a tese de livre-docência a respeito do modo de representação capitalista consolidaram ainda mais minha convicção do alcance crítico da obra de Marx. Em suma, a reelaboração do texto original acabou levando-me a praticamente redigir outro livro – apesar de a ordem geral das partes ter permanecido a mesma. Também o propósito de minha exposição se manteve: diante de preconceitos e acusações, evocados em diversos momentos e por diferentes razões para desqualificar a obra de Marx, busquei apresentar de maneira acessível a força de sua crítica.

Jorge Grespan
São Paulo, fevereiro de 2021

Apresentação

Apresentar a obra de Karl Marx (1818-1883) parece ser uma tarefa relativamente fácil. Em primeiro lugar, porque já foi escrita com a intenção de ser assimilada por trabalhadoras e trabalhadores no século XIX, contribuindo para a transformação radical da sociedade burguesa. Por isso, além das longas análises do sistema econômico capitalista presentes em livros e manuscritos, a obra é composta por inúmeros manifestos, programas e artigos de jornal que evidenciam a preocupação de Marx em colocar sua teoria em prática pelo exame da conjuntura política e social e pela proposição de linhas de ação revolucionária. Em segundo lugar, porque as tendências de desenvolvimento do capitalismo identificadas por Marx se realizaram. O surgimento de enormes conglomerados financeiros e industriais, invertendo a lógica da concorrência do século XIX; o processo gradativo de substituição de mão de obra por máquinas cada vez mais sofisticadas; a irradiação da forma de mercadoria a quase todos os produtos e relações sociais; as crises econômicas recorrentes; a esfera política como manifestação de conflitos sociais distributivos de propriedade e renda; o predomínio da especulação financeira sobre a criação de riqueza real, com a consequente projeção de todos os preços e expectativas para um futuro incerto: todos esses fenômenos são percebidos em germe pela interpretação de Marx em obras como *O capital*[1].

No entanto, justamente essa percepção aguda, que às vezes se confunde com uma espécie de antevisão, pode constituir um obstáculo para apreender o objetivo central de Marx. Se as tendências do capitalismo atual forem compreendidas como "normais", conformando um mundo que existe tal como deveria existir, perde-se o componente crítico do diagnóstico feito por Marx. O objetivo de Marx era, ao contrário, desmascarar a pretensa normalidade de que se revestem até mesmo os fenômenos mais insuspeitos e contraditórios da sociedade moderna. Além de descritiva e explicativa, sua obra é uma teoria crítica do capitalismo que revela a contradição profunda na base desse sistema, isto é, a correlação entre sua dimensão positiva e sua dimensão negativa. Para isso, inspira-se na dialética do filósofo alemão Georg W. F. Hegel (1770-1831), condenando seu caráter idealista, mas conservando o que chama de "cerne racional"[2]: a dialética é a forma capaz de reproduzir o movimento contraditório pelo qual os fenômenos aparecem como o inverso do que são em sua essência. Em sua versão idealista, de acordo com Marx, a dialética ensina que um aspecto positivo se oculta por trás dos acontecimentos negativos da história e acaba por predominar sobre eles; assim, a dialética seria capaz de promover uma revelação com enorme poder consolador, o que explicaria por que a

---

[1]   O primeiro livro da obra foi publicado em 1867; a segunda edição alemã é de 1873. O segundo e o terceiro livros foram editados por Friedrich Engels e publicados em 1885 e 1894, respectivamente.

[2]   Karl Marx, "Posfácio", em *O capital*, Livro I (trad. Rubens Enderle, São Paulo, Boitempo, 2011), p. 91.

filosofia de Hegel foi moda por tanto tempo. Em contrapartida, na versão materialista proposta por Marx, a própria dialética tem seus polos negativo e positivo invertidos. Ou seja, até os eventos aparentemente positivos para o capital, como a acumulação e o lucro, redundam na negatividade interna das crises econômicas e políticas, que sempre voltam a assombrar.

A partir da compreensão crítica da dialética hegeliana, Marx pôde desvendar as várias estratégias adotadas pelo capitalismo para encobrir suas contradições. Exemplo disso é a igualdade jurídica entre empregados e empregadores que não corresponde a uma igualdade de condições sociais. Marx detecta na base da igualdade pressuposta no contrato de trabalho seu exato contrário, isto é, a desigualdade criada pela situação na qual a maioria da população é obrigada a vender sua força de trabalho, uma vez despojada da propriedade dos meios que lhe permitiram trabalhar para si e por si mesma. Esse despojamento, porém, é apresentado pelo capitalismo como o avesso do que é, a saber, como a propriedade que cada trabalhador tem de sua força de trabalho e a liberdade daí decorrente de trabalhar em qualquer lugar ou em qualquer ramo da produção. Marx explica ainda que, por um lado, a ideia de autonomia inculcada nos membros da sociedade sob comando do capital leva-os a um individualismo cada vez mais exacerbado e à fragmentação das várias esferas da vida coletiva; por outro, essa autonomia decorre de uma dependência crescente e universal em relação aos mecanismos de valorização e expansão do capital, em geral difíceis de serem percebidos. Portanto, a igualdade no plano jurídico é dialeticamente determinada pela desigualdade no plano social e a liberdade individual, pelo vínculo implacável das relações criadas pelo capital.

De acordo com Marx, é notável como essas mistificações parecem naturais, algo que sempre foi e sempre será, para o que não há alternativa. No entanto, a naturalização de condições historicamente muito específicas não é mera aparência ilusória e, sim, uma das engrenagens que estrutura a sociedade capitalista. Trata-se do "fetichismo": um dos conceitos centrais do pensamento de Marx para explicar de modo extremamente fértil os processos de inversão desencadeados pelo capital, desde suas formas mais elementares de mercadoria e de dinheiro.

A formulação do conceito de fetichismo e de todo o aparato conceitual mobilizado por Marx no diagnóstico crítico do capitalismo originou-se do rigoroso estudo da economia política. Desde a juventude, Marx dedicou-se à análise rigorosa e extensiva das obras maiores e menores dessa disciplina, que surgiu com as revoluções burguesas na Inglaterra do século XVII e, posteriormente, com a Revolução Industrial entre os séculos XVIII e XIX. O estudo extensivo da economia política lhe permitiu elaborar uma crítica tanto do sistema capitalista real quanto dos autores que o estudavam. Contando com o auxílio de Friedrich Engels (1820-1895), amigo e colaborador de quase toda a vida, Marx desenvolveu gradativamente o projeto de explorar com paciência e aplicação as lacunas nas obras dos economistas clássicos, reconstituir seus debates e evidenciar a forma como, nelas, as contradições fundantes do capitalismo são encobertas e justificadas. Segundo sua crítica, a própria realidade desse sistema social aparece de maneira invertida e apenas parcial.

De fato, desde o tempo em que Marx produziu sua obra, a força adquirida pelo capitalismo cresceu a ponto de tornar quase hegemônica uma visão distorcida e unilateral da economia. Parece que a economia é comandada pelo mercado e que os agentes econômicos são livres e autônomos em suas decisões individuais; parece que o trabalhador, com as novas formas de trabalho e remuneração, é um empresário de si mesmo que deve ser considerado e considera a si mesmo um "prestador de serviço", um "consumidor", e não um produtor. A crítica de Marx ao capitalismo explica essas inversões como próprias de uma situação histórica peculiar e contraditória, na qual a exploração da força de trabalho pelo capital adquire sempre novas conformações para continuar existindo. Ao perceber a contradição como constitutiva dessa situação, Marx alcança um ponto de vista muito mais abrangente do que a maioria dos economistas do seu tempo e de hoje, um ponto de vista adequado à dinâmica social capitalista, baseada simultaneamente em progresso e destruição. Segundo as conhecidas palavras do *Manifesto Comunista*, escrito com Engels em 1848:

> Essa subversão contínua da produção, esse abalo constante de todo o sistema social, essa agitação permanente e essa falta de segurança distinguem a época burguesa de todas as precedentes. Dissolvem-se todas as relações sociais antigas e cristalizadas, com seu cortejo de concepções e de ideias secularmente veneradas; as relações que as substituem tornam-se antiquadas antes de se consolidarem. Tudo o que era sólido e estável se desmancha no ar, tudo o que era sagrado é profanado [...].[3]

Marx mantém essa formulação ao longo de toda a sua vida. Apesar do grande debate no século XX sobre as diferenças entre os textos redigidos na juventude e na maturidade, debate cujo pormenor não cabe aqui reconstituir,

---

[3] Karl Marx e Friedrich Engels, *Manifesto Comunista* (trad. Álvaro Pina e Ivana Jinkings, São Paulo, Boitempo, 1998), p. 43.

é possível afirmar com segurança que o conjunto da obra de Marx persegue um eixo central que lhe confere unidade: a crítica da sociedade burguesa. Na longa trajetória de Marx como intelectual e militante, esse sempre foi o alvo de sua teoria e prática. Marx desenvolve de maneira acabada sua crítica radical no já mencionado conceito de fetichismo e também nos conceitos de ideologia, de crise e revolução. Contudo, é preciso lembrar que, como a vida, seu pensamento e suas elaborações conceituais não são estanques. Muito ao contrário, ganham força e profundidade com as mudanças de enfoque e correções de rota que Marx, por vezes, precisou adotar.

MARX

UMA
INTRODUÇÃO

1. Alienação

Karl Marx começou sua vida intelectual como estudante de Ciências Jurídicas na Universidade de Bonn, vizinha de sua cidade natal, Tréveris. Depois, transferiu-se para a Universidade de Berlim, onde participou da intensa polêmica sobre a herança teórica de Hegel que se iniciava naquele fim da década de 1830. Embora tenha passado do curso de Direito para o de Filosofia, Marx não se afastou completamente da formação jurídica, tornando-a produtiva na elaboração de seu ponto de vista específico sobre a filosofia hegeliana do Estado. Sob esse aspecto, Marx distinguia-se de companheiros como Ludwig Feuerbach (1804-1872), Bruno Bauer (1809-1882) e Max Stirner (1806-1856), que embasavam suas críticas na filosofia da religião.

Nessa época, a industrialização finalmente alcançava a região do Reno, insuflando fortes reivindicações liberais. Marx considerou, então, que os fenômenos religiosos não representavam o principal problema enfrentado pela Alemanha, sendo, no máximo, uma forma de expressão da nova realidade social. Para ele, tampouco se tratava de simplesmente criticar a filosofia do direito de Hegel, apontando suas falhas teóricas ou seu viés conservador. Marx considerou ser necessário, antes, relacioná-la à própria realidade que ela buscava elaborar. O verdadeiro objeto da crítica a Hegel devia ser essa realidade, ou seja,

18 / Marx: uma introdução

as contradições profundas da sociedade civil. Hegel teria tido o mérito de apontá-las, imaginando que poderiam ser resolvidas no âmbito do Estado. Apesar de reconhecer esse mérito, Marx argumenta que a resolução seria uma tarefa impossível, pois a tentativa meramente política de conciliar os interesses públicos com os particulares levaria o Estado à condição de representante dos proprietários privados mais poderosos, e não à de um poder capaz de eliminar a raiz da desigualdade social.

De todo modo, a discussão sobre a propriedade privada a partir da obra de Hegel permitiu a Marx passar do âmbito jurídico ao econômico e encontrar o tema central de sua teoria da sociedade e da história. Foi quando identificou o problema da desigualdade social, oculto pela igualdade jurídica que a concepção política de Hegel priorizava. Essa descoberta ocorreu em um momento crucial de sua vida.

Depois de obter o grau de doutor, Marx teve de abandonar o plano de seguir uma carreira universitária em razão das mudanças na política acadêmica alemã realizadas pelo rei ultraconservador Frederico Guilherme IV, que subira ao trono da Prússia, em 1840. Desde então, começou a trabalhar como jornalista, profissão da qual viveria por muitos anos. Conforme escreveu mais tarde, no prefácio de *Contribuição à crítica da economia política*[1], o trabalho de editor da recém-fundada *Gazeta Renana* ofereceu-lhe a oportunidade de conhecer de perto "problemas materiais", como o do chamado "furto" de madeira por camponeses da região do rio Mosela: florestas que desde a Idade Média eram comunais passaram a ser incluídas nas novas

---

[1] Karl Marx, *Contribuição à crítica da economia política* (trad. Florestan Fernandes, 2. ed., São Paulo, Expressão Popular, 2008).

propriedades privadas demarcadas no começo do século XIX; e a livre coleta de lenha, antes considerada um direito feudal dos camponeses, era agora qualificada de "furto" e punida pela lei burguesa. Seguindo a orientação liberal da *Gazeta Renana*, Marx publicou uma série de artigos que denunciavam a violência da repressão prussiana contra os camponeses. Essa foi uma das razões pelas quais o jornal acabou interditado, o que levou ao encerramento precoce de sua existência. Para Marx, no entanto, a experiência lhe permitiu descobrir que:

> as relações jurídicas, bem como as formas do Estado, não podem ser explicadas por si mesmas, nem pela chamada evolução geral do espírito humano; essas relações têm, ao contrário, suas raízes nas relações materiais de existência [...] a anatomia da sociedade burguesa deve ser procurada na Economia Política.[2]

Assim, por um lado, Marx aprofundava sua crítica da sociedade burguesa, abandonando definitivamente a ideia que acalentara até ali de que a extensão universal do direito de voto poderia enfraquecer a aristocracia prussiana e levar novos grupos sociais ao Parlamento. Agora, percebia que apenas uma transformação completa da forma de propriedade dos meios de produção poderia mudar a base da sociedade e igualar realmente a situação de todas as pessoas. Por outro, ao duvidar de uma solução dentro da esfera do Estado existente, Marx começou a elaborar uma perspectiva da história que englobava o exame das "relações materiais" da vida, isto é, da produção e da reprodução das condições sociais necessárias à sobrevivência humana, em

---

[2] Ibidem, p. 47.

geral deixadas de lado pela historiografia de cunho político e cultural. Para Marx, a distribuição da propriedade dos meios de produção, como a terra ou as ferramentas de trabalho, é o fundamento para que um grupo humano garanta a manutenção da vida. Essa distribuição se dá em uma esfera básica da sociabilidade, que condiciona as formas da consciência política, religiosa, artística e científica, embora não as condicione de maneira absoluta. É a perspectiva chamada de "materialismo histórico".

Como Marx esclareceu já em sua crítica à *Filosofia do direito*, de Hegel, as relações jurídicas tendem a idealizar de modo peculiar as relações sociais de propriedade existentes[3]. Percebeu que, no capitalismo, a esfera jurídica reflete de modo unilateral e deformado a esfera econômica porque, para a manutenção do direito de propriedade, o que interessa é apenas a norma que legaliza a relação entre a pessoa e o objeto da propriedade, e não o uso particular que a pessoa faz do objeto. Em outras palavras, o direito garante ao proprietário a liberdade, dentro de limites também legais, de usar e de dispor de algo sem prescrever um uso ou uma disposição determinada. No entanto, do ponto de vista econômico, o uso específico de uma coisa qualquer é decisivo, pois a mesma coisa pode servir tanto como objeto de consumo final, satisfazendo às necessidades do consumidor, quanto como instrumento de trabalho, produzindo outras coisas. Em ambos os casos, o direito se ocupa apenas de assegurar à pessoa a liberdade de usar a coisa, independentemente do modo como será usada.

Portanto, Marx concluiu que uma análise apenas jurídica não leva em conta a diferença básica que caracteriza a

---

[3] Idem, *Crítica da filosofia do direito de Hegel* (trad. Rubens Enderle e Leonardo de Deus, São Paulo, Boitempo, 2005).

vida material, a saber, a diferença entre meio de consumo e meio de produção. No sistema capitalista, conforme o direito de propriedade, todas as pessoas são proprietárias de algo, mesmo que sejam proprietárias apenas de si mesmas e das coisas que adquirem para poder continuar vivendo. No entanto, conforme o uso econômico da propriedade, há uma diferença imensa entre ser proprietário de um objeto de consumo e ser proprietário de um meio de produção que lhe garanta a existência por um longo tempo. Embora todos possam ser proprietários de objetos de consumo, nem todos o são de meios de trabalho.

À idealização jurídico-política, Marx contrapôs a história da propriedade privada, mostrando que a propriedade não é um direito eterno da pessoa e não existiu desde sempre. Ao contrário, a forma privada da propriedade desenvolve-se a partir de uma época precisa da história europeia, entre os séculos XV e XVII, estimulada por uma distribuição dos meios de produção que os concentrava em poucas mãos. Desse modo, a maioria despossuída viu-se obrigada a vender a única coisa que lhe restava: sua força de trabalho transformada em mercadoria. A partir da distribuição capitalista dos meios de produção desenvolveu-se a distribuição capitalista dos meios de consumo, isto é, o mercado, no qual os trabalhadores gastam o salário recebido pela venda de sua força de trabalho em outro mercado, o mercado de trabalho. Como são agentes em ambos os mercados, empregados e empregadores parecem igualar-se qualitativamente como proprietários, distinguindo-se apenas quantitativamente por seu poder aquisitivo.

Assim, propriedade privada significa apropriação excludente dos meios de produção. Só faz sentido promover a concentração da propriedade, de um lado, porque há, do outro, mão de obra disponível para trabalhar na propriedade de poucos. De uma perspectiva histórica, quanto mais intensa é a concentração de propriedade, maior é o número de trabalhadores à disposição, prontos a se empregarem em troca de um salário.

O momento histórico em que trabalho e propriedade dos meios de produção são separados foi chamado por Marx de "acumulação original" do capital[4]: "original" porque constitui o ponto de partida para toda a acumulação posterior de capital, mas também porque alude ao "pecado original" bíblico. Assim como no livro do *Gênesis*, a humanidade foi marcada a ferro e fogo por uma ruptura profunda, também o mundo moderno se inicia com uma cisão: a cisão entre propriedade e trabalho. No caso do capitalismo inglês, Marx a localizou no processo dos "cercamentos" ocorrido no século XVI, quando uma nascente burguesia fundiária expulsou os camponeses das terras onde viviam e nelas instalou cercas, empregando depois como assalariados parte desses agora despossuídos. Com essa exclusão, os proprietários privados passaram a dispor, além da terra, de uma massa de trabalhadores formada pelos antigos camponeses que haviam perdido sua fonte de sustento.

Contudo, do ponto de vista jurídico, os trabalhadores deixaram sua condição servil, tornando-se pessoas "livres": passaram a trabalhar por um contrato voluntário, e não mais por um vínculo pessoal e compulsório com o senhor;

---

[4] Baseada na tradução francesa de 1872 de *O capital*, revista por Marx, a expressão "acumulação primitiva" consagrou-se em traduções para vários idiomas, inclusive o português. No entanto, a expressão "acumulação original" tem a vantagem de preservar a alusão bíblica presente na expressão "ursprüngliche Akkumulation" da edição original alemã.

conquistaram o direito de ir e vir, e de empregar-se em um ou outro serviço. Marx ironiza o sentido duplo dessa liberdade do assalariado, obtida com seu desligamento da terra e a expropriação de seus meios de produção. Com essa liberdade, o trabalhador aparece como o feliz proprietário de uma mercadoria, mas de uma única mercadoria: sua própria força de trabalho. Ele está agora em pé de igualdade jurídica com o empregador – esse é o aspecto igualitário do sistema social burguês. No entanto, com essa liberdade, o trabalhador vê-se obrigado a seguir o capital por toda a parte, que lhe dá emprego ora aqui, ora ali, de acordo com as variações do lucro. Com essa liberdade, o empregado pode ser demitido sempre que for conveniente para o capital, que deixa de ser responsável direto pela sobrevivência do trabalhador.

Na verdade, a igualdade de direitos garante, antes de tudo, a liberdade do capital em relação ao trabalho – liberdade necessária para que o capital se acumule livremente – e resulta da cisão entre propriedade e trabalho. Essa cisão leva a uma desigualdade social profunda, que transforma a força de trabalho em mercadoria negociada por contratos de compra e venda. Em planos distintos, igualdade e desigualdade se opõem e se determinam reciprocamente, definindo um tipo de relação social que Marx caracterizou como "dialética", numa referência a Hegel, mas em clara oposição a ele. Para Marx, considerar o aspecto jurídico como a instância determinante e exclusiva da sociabilidade comandada pelo capital constitui a mistificação principal da filosofia do direito hegeliana.

Em outras palavras, o aspecto ilusório da concepção hegeliana da sociedade civil reside não no fato de ela afirmar a existência de uma igualdade jurídica entre vendedores e compradores da força de trabalho, e sim no de afirmar que essa igualdade jurídica implica igualdade social. O equívoco de Hegel, bem como de grande parte dos teóricos da sociedade burguesa, é o de estender o plano jurídico para o social, imaginando que a esfera do direito seja a expressão da realidade inteira e que a igualdade entre as partes do contrato de trabalho corresponda à igualdade econômica entre empregados e empregadores. Para Marx, ao contrário dessa correspondência, a dialética que constitui a sociedade capitalista estabelece-se entre o plano jurídico-formal e o plano econômico-social. Os conflitos nesse último plano não podem ser resolvidos de modo definitivo recorrendo-se às leis e ao direito, como idealizavam os hegelianos, pois expressam a dialética irreconciliável da sociedade burguesa.

Marx, porém, não atribuiu esse equívoco de Hegel e de seus discípulos a uma simples cegueira subjetiva. Ele decorre da própria sociabilidade sob o modo de vida capitalista, como será visto adiante, na discussão sobre o fetichismo. Seja como for, a perda da propriedade dos meios de produção pelo trabalhador estabelece as bases de um processo generalizado de perda de controle sobre as demais condições sociais. Nas palavras de Marx e de Engels:

> confronta-se com essas forças produtivas a maioria dos indivíduos, dos quais essas forças se separaram e que, por isso, privados de todo conteúdo real de vida, se tornaram indivíduos abstratos, mas que somente assim são colocados em condições de estabelecer relações uns com os outros *na qualidade de indivíduos.*[5]

---

[5] Karl Marx e Friedrich Engels, *A ideologia alemã* (trad. Rubens Enderle, Nélio Schneider e Luciano Cavini Martorano, São Paulo, Boitempo, 2007), p. 72.

De acordo com o trecho, a perda da propriedade faz com que os indivíduos sejam "privados de todo conteúdo real de vida" e tornem-se "abstratos". A situação social de desigualdade do trabalho diante da propriedade cria a igualdade jurídica, que, contudo, é uma igualdade na "abstração", uma igualdade na qual o indivíduo moderno se define pela homogeneidade, pela perda de suas particularidades distintivas. Configura-se, assim, uma situação exatamente oposta àquela em que se imaginam as pessoas ciosas de sua liberdade e de sua individualidade.

Já na juventude, Marx denominou esse fenômeno "alienação", retomando outro conceito caro ao meio filosófico com o qual debatia. Formulado por Hegel, o termo designava o momento em que o "espírito" se faz outro, distinto de si mesmo, "alheio" à sua forma inicial, criando uma realidade objetiva na qual se reconhecerá. Na Alemanha da década de 1840, os jovens críticos de Hegel recusavam a certeza desse reconhecimento final do espírito no objeto por ele criado, isto é, a reconciliação do sujeito com o objeto. Por exemplo, para Feuerbach, que escreveu o livro *A essência do cristianismo*[6], a alienação significa que o indivíduo não se lembra mais de que Deus foi uma criação coletiva humana, atribuindo-lhe existência autônoma e, ainda mais grave, invertendo a relação: o criador humano imaginaria ter sido criado por sua criatura divina.

Para Marx, embora a alienação diga respeito não aos problemas religiosos, e sim à situação social do mundo capitalista, ela conserva a forma da *autonomização* e da *inversão*. Privado da propriedade dos meios de produção, o

---

[6] Ludwig Feuerbach, *A essência do cristianismo* (trad. José da Silva Brandão, 4. ed., Petrópolis, Vozes, 2013).

indivíduo não se reconhece mais plenamente no produto de seu trabalho e tem acesso a ele apenas mais tarde, ao comprá-lo no mercado. Ou seja, em vez de se apropriar de imediato do produto resultante do ato de trabalho, o trabalhador precisa comprar no mercado aquilo que, muitas vezes, ele mesmo produziu para seu empregador. A apropriação só acontece por meio da mediação do mercado, que aparece como a instância central da economia, tal como pensa a maioria dos economistas ainda hoje. O produtor não se reconhece no produto, não se reconhece como produtor, e afirma-se socialmente como comprador e consumidor. Assim como o devoto descrito por Feuerbach se esqueceu de que foi a imaginação humana que criou Deus, o trabalhador não tem consciência de que o produto existe graças às suas mãos.

Marx, então, pôde dizer que "a própria ação do homem torna-se um poder que lhe é estranho e que a ele é contraposto, um poder que subjuga o homem em vez de por este ser dominado"[7]. Nessa conhecida definição, a alienação consiste na "estranheza" do mundo dominado por um poder social sobre o qual os indivíduos perderam qualquer controle, depois de o terem criado, em um evidente movimento de autonomização e inversão. As condições de trabalho e de distribuição dos frutos do trabalho tornam-se independentes dos agentes econômicos e, em seguida, aparecem como "um poder que subjuga" seus criadores, "em vez de ser dominado" por eles. Em uma inversão surpreendente, o produto aparece como o produtor e o produtor, como o produto.

Dessa inversão resulta uma espécie de mal-estar generalizado, próprio do mundo capitalista. O indivíduo burguês

---

[7] Karl Marx e Friedrich Engels, *A ideologia alemã*, cit., p. 37.

orgulha-se de ter alcançado a liberdade e a autonomia, mesmo que essa individuação resulte apenas na perda de diferenças qualitativas: a produção e o mercado conseguem incorporar somente o indivíduo médio, comum, originário de um processo de normalização, de "abstração", nas palavras de Marx. Esse tipo de igualdade reflete-se no preceito jurídico de que "a lei não faz diferenças nem reconhece privilégios", é "isenta", "neutra", "justa". Na verdade, trata-se de uma igualdade e de uma liberdade instituídas pelo poder estranho, fetichista, que o conjunto da sociedade gerou e que faz todos sentirem, pelo menos em algum momento, quando é possível refletir, que algo da vida lhes escapa.

2. Mercadoria e capital

A interdição da *Gazeta Renana* pelo governo da Prússia privou Marx de seu meio de atuação e fez dele *persona non grata* na Alemanha. Forçado a emigrar, Marx foi para a França, onde tentou retomar a atividade de jornalista e aprofundou os estudos sobre o capitalismo. Nessa época, iniciou-se na leitura dos principais autores da economia política inglesa, como Adam Smith (1723-1790), James Mill (1773-1836) e David Ricardo (1772-1823). A militância política obrigou-o a abandonar também a França e, em seguida, a Bélgica, onde havia encontrado refúgio e tempo para escrever obras como *Miséria da filosofia*[1] e o *Manifesto Comunista*. Enfim, em 1849, conseguiu asilo político na Inglaterra, onde passou o resto da vida. Lá, teve a oportunidade de ler a obra dos economistas no original e de frequentar os arquivos do Museu Britânico, imprescindível para a gigantesca pesquisa que lhe permitiu redigir *O capital*, inicialmente intitulado de *Crítica da economia política*.

Com paciência, Marx leu e releu várias vezes não apenas os livros dos economistas clássicos, mas também brochuras de autores hoje esquecidos e panfletos de anônimos. O trabalho foi imenso, demandou muitos anos e precisou

---

[1] Karl Marx, *Miséria da filosofia* (trad. José Paulo Netto, São Paulo, Boitempo, 2017).

30 / Marx: uma introdução

ser reelaborado várias vezes. Depois de uma fase inicial de estudo, na qual foi necessário aprofundar e detalhar o que havia escrito sobre o assunto na década de 1840, Marx reuniu o material num longo e novo manuscrito do qual pensava extrair os volumes que comporiam a versão final de sua obra. Por fim, extraiu apenas um, que correspondia ao primeiro capítulo do manuscrito, e publicou-o em 1859 com o título de *Para a crítica da economia política*. O restante do texto foi publicado apenas no século XX[2]. Esse manuscrito serviu de base para uma segunda versão da obra, redigida entre 1861 e 1863[3], e para a terceira e última, redigida a partir de 1863. Foi essa última versão que resultou no primeiro livro de *O capital*, publicado em 1867, com reedição em 1873, e nos textos aproveitados por Engels na edição do segundo e terceiro livros de *O capital*, em 1885 e 1894, respectivamente[4].

---

[2] Trata-se de *Grundrisse der Kritik der Politischen Ökonomie*. Foi publicado em 1939 pelo Instituto de Marxismo-Leninismo, em Moscou. A reedição mais conhecida é a de 1953, pela Dietz Verlag, em Berlim. Em português, o manuscrito foi publicado apenas em 2011 pela editora Boitempo (*Grundrisse: manuscritos econômicos de 1857-1858. Esboços da crítica da economia política*, trad. Mario Duayer e Nélio Schneider).

[3] Parte desse manuscrito foi publicada por Karl Kautsky entre 1905 e 1910, com o título *Theorien über den Mehrwert* [Teorias sobre o mais--valor], como o quarto livro de *O capital*. No final da década de 1970, o manuscrito de 1861-1863 foi publicado na íntegra na edição *Marx-Engels Gesamtausgabe* (MEGA), no volume 3 da seção II, englobando a longa parte dos manuscritos deixada de lado por Kautsky. No Brasil, a parte que corresponde aproximadamente à edição de Kautsky foi publicada em 1983 pela Difel, com o título *Teorias da mais-valia*. O restante do manuscrito foi publicado apenas em 2010 pela editora Autêntica (*Para a crítica da economia política, manuscrito de 1861-1863*, trad. Leonardo de Deus).

[4] A história desse longo processo de redação é analisada de modo exemplar em Roman Rosdolsky, *Gênese e estrutura de O*

Uma das dificuldades principais de Marx nesse longo trabalho de redação foi a de encontrar o modo adequado de apresentação dos conceitos, que devia ser simultaneamente crítico e compreensivo. Por fim, a solução foi começar por uma análise da forma social de mercadoria, não porque a mercadoria seja a forma histórica mais antiga do capitalismo, e sim porque ela é sua forma mais simples, constituída apenas por uma oposição interna, como se verá a seguir. A mercadoria também é a forma pela qual o sistema se generaliza e se expande, destinando ao mercado todos os produtos do trabalho, uma vez que a fonte criadora desses produtos, a força de trabalho, assume igualmente a forma de mercadoria. Marx percebeu que a apresentação das várias formas sociais por meio das quais se articula o sistema deve partir desse elemento mais geral. Assim, o modo de apresentação reproduziria o encadeamento real que existe entre essas formas, e que se torna cada vez mais complexo e mais particularizado em suas ramificações.

De início, Marx define mercadoria como a forma social específica de que se reveste o produto do trabalho, quando não serve ao consumo do próprio produtor ou a trocas apenas eventuais, e quando já é produzido para o mercado. Historicamente, a mercadoria existiu em várias sociedades anteriores à sociedade capitalista atual, mas se generalizou somente a partir da predominância do trabalho assalariado sobre as outras formas de produzir. Sob essa forma, a força de trabalho é uma mercadoria tanto quanto seus produtos. Isso coloca o trabalho na posição de elemento de comparação de coisas com qualidades distintas, pois passa

---

capital *de Karl Marx* (trad. César Benjamin, Rio de Janeiro, Eduerj/Contraponto, 2001).

a constituir a qualidade comum que existe em tudo o que é dirigido ao mercado: o valor.

O fundamento do valor não é a imensa gama de qualidades que diferenciam as mercadorias conforme sua utilidade, chamada por Marx de valor de uso. Isso porque a utilidade das mercadorias é tão variável que não pode fornecer base para uma comparação geral, isto é, uma comparação de todas as mercadorias possíveis e de todas as necessidades e desejos das pessoas que participam dos processos de troca. Na prática, a troca ocorre porque as diversas qualidades são postas de lado em favor de uma única qualidade, presente em qualquer mercadoria, e que varia, portanto, apenas em quantidade: ser produto do trabalho humano.

Marx enfatiza a importância dessa abstração para o ato de troca, pois ela permite que qualquer mercadoria possa ser avaliada em função da quantidade maior ou menor da única qualidade que compartilha com as demais e, assim, possa ser trocada por outra mercadoria em uma proporção determinada. Se fossem tomadas duas qualidades distintas, como as de dois valores de uso, não seria possível avaliar apenas a diferença quantitativa. Marx conclui que, como a única qualidade comum a todas as mercadorias é a de ser produto de trabalho humano, *é o* trabalho que cria o valor. Contudo, o trabalho não cria valor como simples qualidade física, simples dispêndio de energia física e mental. Esse dispêndio é decisivo, mas apenas como uma referência tangível para um conjunto historicamente específico de relações sociais. Embora o gasto de energia no trabalho possa ser medido em qualquer tipo de sociedade, ele só tem significado em uma sociedade na qual ocorrem trocas e que, por isso, necessita de um substrato palpável para estabelecê-las. Antes de tudo, o valor tem uma realidade social e determinada.

Esse é o sentido da distinção de Marx entre a dimensão *concreta* do trabalho, baseada na particularidade de seus materiais e operações, e a dimensão que ele chama de *abstrata*, baseada na força física e mental despendida em graus distintos por qualquer trabalhador. Na primeira dimensão, o trabalho é concreto ou útil porque produz valores de uso, isto é, qualidades que conferem ao produto uma utilidade específica. Na segunda dimensão, o trabalho é abstrato porque resulta da abstração de qualquer particularidade conferida pelos instrumentos que emprega, pela finalidade ou pelo material utilizado; consiste na pura energia gasta pelo trabalhador em uma unidade de tempo, por exemplo, uma hora, um dia ou um mês. Essa dimensão abstrata do trabalho fundamenta o valor e permite a troca de mercadorias.

Com razão, Marx afirmou ter sido o primeiro a distinguir essas duas dimensões decisivas do trabalho. Embora os conceitos de valor e valor de uso tenham sido formulados por Adam Smith e David Ricardo, nenhum deles havia sido capaz de perceber que o trabalho por si só não pode estar na base das trocas, que é preciso ir além e compreender sua dimensão abstrata. Ao constatar o problema e buscar uma solução, Marx descobriu o processo real embutido no trabalho abstrato a partir das trocas reiteradas e, assim, pôde distinguir na mercadoria a dupla dimensão de valor e valor de uso. Não se trata, porém, de uma abstração feita pelo investigador do processo, mas pelo próprio processo. Nas palavras de Marx:

> essa cisão do produto do trabalho em coisa útil e coisa de valor só se realiza na prática quando a troca já conquistou um alcance e uma importância suficientes para que se produzam coisas úteis destinadas à troca e, portanto, o caráter de

valor das coisas passou a ser considerado no próprio ato de sua produção.[5]

Um produto que não seja destinado à troca possui somente valor de uso; aquele destinado à troca, por sua vez, reveste-se de valor, de modo que nele convivem as duas determinações: valor de uso e valor. Marx deduz essa dupla determinação da mercadoria a partir da dupla dimensão do trabalho e, com isso, reconstitui o processo de compra e venda a partir da análise da troca simples de uma mercadoria por outra, o escambo.

Marx propõe-se ainda a deduzir a forma social do dinheiro (usado como meio de transação e como meio de pagamento) a partir da forma social da mercadoria, superando a limitação da economia política, que considerava o dinheiro um artifício técnico criado por mera convenção social para facilitar as trocas.

Resumindo bastante a dedução de Marx, quando confrontadas em uma situação de troca simples, as duas mercadorias trocadas exercem papel diferente: a primeira é a mercadoria que será transferida para outra pessoa e que expressa seu valor na outra mercadoria, enquanto a segunda mercadoria apenas expressa o valor da primeira; assim, o valor da segunda mercadoria funciona como equivalente ao da primeira. São duas formas de expressão do valor na troca direta entre mercadorias, formas que Marx chama de relativa e equivalente. Embora todas as mercadorias possam exercer essas funções e assumir ambas as formas de acordo com sua posição, a prática repetida das trocas leva à situação na

---

[5] Karl Marx, *O capital*, Livro I (trad. Rubens Enderle, São Paulo, Boitempo, 2011), p. 148.

qual uma delas é destacada das demais para servir de equivalente geral. É uma mercadoria idêntica às outras, mas também é uma mercadoria especial porque cumpre o papel de expressar o valor das outras, sendo seu equivalente único e geral. Essa mercadoria especial é o dinheiro.

A dedução do dinheiro permite a Marx explicitar seu caráter eminentemente social. Mais do que as outras mercadorias, o dinheiro expressa o poder da sociedade mercantil de articular trocas nas quais ele está sempre presente como meio de transação ou de pagamento. Apenas por intermédio do dinheiro os diferentes produtores podem comprar aquilo que outros produziram, depois de eles mesmos terem vendido suas próprias mercadorias. No entanto, Marx explicita também o fato de que o poder estratégico do dinheiro não decorre de qualquer qualidade intrínseca do objeto usado como dinheiro, por exemplo, ouro, prata ou papel-moeda. Ele decorre da delegação feita a ele por todas as demais mercadorias para representar o valor nelas incorporado. O dinheiro é o equivalente geral porque as outras mercadorias projetam nele seu valor e se apresentam como se fossem simples valores de uso, como se o dinheiro, desse modo, é que lhes atribuísse um valor.

Marx começa assim sua crítica da economia política, proposta já nos termos gerais da forma mais simples da sociabilidade mercantil: os produtores são proprietários privados de seus meios de produção e se relacionam pela troca das mercadorias que produziram. Embora sejam independentes uns dos outros na realização de seu trabalho específico, esses produtores são dependentes uns dos outros na esfera do consumo e, portanto, da circulação das mercadorias. Precisam vender a mercadoria que produziram para comprar as outras de que necessitam para sua manutenção e sobrevivência. Por isso, a independência na esfera da produção é contrariada pela dependência na esfera da circulação e do consumo, mas determinada por ela: quanto mais especializados forem os produtores, mais independentes eles se tornam na esfera da produção; contudo, como a especialização os leva a deixar de produzir parte do que até então produziam, eles tornam-se mais dependentes na esfera da circulação e do consumo.

Essa independência e dependência mútuas correspondem à figura dialética da oposição, na qual os termos opostos se separam e se diferenciam, mas, num segundo momento, por causa de sua diferença, determinam-se e relacionam-se novamente. A independência na esfera da produção cria, em vez de anular, a dependência na esfera da circulação e do consumo, e vice-versa. A partir da oposição entre a dimensão abstrata do trabalho, que permite a troca, e a dimensão concreta do trabalho, que cria os valores de uso produzidos, também os elementos derivados dela, como o valor e o valor de uso, a forma equivalente e a forma relativa, o dinheiro e a mercadoria, configuram-se como pares opostos.

Contudo, as oposições que constituem a forma simples da mercadoria tornam-se bem mais complexas conforme Marx avança em sua crítica da economia política. Ainda na forma simples, por exemplo, o objetivo dos produtores é vender sua mercadoria para comprar aquelas produzidas pelos outros, isto é, sua finalidade é vender para comprar. Nessa forma simples, o dinheiro é definido como o mero intermediário das trocas, permitindo o acesso geral aos bens de consumo. Na forma mais complexa, ocorrem mudanças sociais importantes, que alteram o sentido da produção e o uso do dinheiro.

Para começar, quando os produtores perdem a propriedade dos meios de produção e se tornam trabalhadores empregados pelos proprietários desses meios, sua remuneração assume a forma de salário em dinheiro. O dinheiro ainda é o intermediário das vendas e compras, mas agora ele realiza o pagamento de uma mercadoria muito especial, a força de trabalho, vendida por um tipo singular de vendedor, o assalariado, e comprada por um tipo singular de comprador, o patrão. Com o salário obtido pela venda de sua força de trabalho, o empregado pode comprar as mercadorias de que precisa para sobreviver e continuar trabalhando. A forma simples da sociabilidade descrita antes por Marx aparentemente se mantém.

De fato, a relação entre os capitalistas e os trabalhadores apresenta-se, antes de tudo, na esfera da compra e venda de mercadorias. Nessa esfera, o dinheiro do salário corresponde ao valor da força de trabalho, como ocorre com qualquer outra mercadoria. Ainda reina a equivalência das trocas, a igualdade entre capitalistas e trabalhadores, a isonomia jurídica entre as partes que celebram um contrato. No entanto, na realização desse contrato, isto é, quando o trabalhador começa a trabalhar para o capitalista, aparece a desigualdade que existe entre eles no plano social. O assalariado trabalha utilizando matérias-primas e instrumentos que pertencem ao capitalista. Por isso, não é a ele, mas ao capitalista que pertencerá o produto e o dinheiro de sua comercialização. Ao assalariado caberá apenas o salário. É nessa desigualdade que Marx detecta o surgimento do excedente de valor que explica a lógica do capitalismo.

O valor correspondente às mercadorias que a força de trabalho deve consumir para repor seu dispêndio de energia físico-mental e, assim, continuar trabalhando e gerando filhos que trabalharão no futuro – esse valor, que se expressa no salário, é totalmente distinto do valor das mercadorias que o trabalhador produz para o capitalista vender. A força de trabalho e seu produto são duas coisas diferentes e, assim, seu valor também é diferente. Se o valor do produto for maior que o da força de trabalho, por exemplo, a diferença entre eles representa um ganho para o capitalista, chamada por Marx de "mais-valor"; se for menor, o capitalista tem prejuízo, não contratará mão de obra e não produzirá.

Na prática da produção capitalista, o cálculo dessa diferença entre os dois valores ocorre em uma unidade de tempo, por exemplo, uma jornada de trabalho. É fácil verificar que, depois de algumas horas, os trabalhadores produzem uma quantidade de mercadorias cujo valor, se elas já fossem vendidas pelo capitalista, cobriria o pagamento dos salários. Essa é a parcela que Marx chama de "trabalho pago". No entanto, os trabalhadores trabalham para o capitalista e não para si mesmos. No contrato proposto pelo capitalista, eles devem trabalhar por uma jornada mais longa do que aquela suficiente para criar o equivalente aos seus salários. O valor que eles produzem nessa segunda etapa é o que corresponde ao mais-valor ou, como diz Marx, ao "trabalho não pago".

Embora surja da exploração da força de trabalho, o mais-valor não implica necessariamente que os trabalhadores sejam sub-remunerados em sentido estrito. Nas palavras de Marx, "a circunstância na qual a manutenção diária da força de trabalho custa apenas meia jornada de trabalho, embora a força de trabalho possa atuar por uma jornada inteira [...] é, certamente, uma grande vantagem para o comprador, mas de modo algum uma injustiça para com o vendedor"[6].

---

[6] Ibidem, p. 270.

Marx considera a diferença entre o valor da força de trabalho e o valor de seu produto durante a jornada inteira como uma "circunstância", uma "vantagem" para o capitalista. Isso quer dizer que o capitalista individual não precisa criar a situação de exploração, pois ela já é criada para ele pelo sistema de produção do capital. Assim, o mais-valor não decorre de uma atitude imoral pessoal do capitalista ou de uma "injustiça" contra o trabalhador. Essa questão importante merece ser um pouco mais comentada.

Certamente, uma vez que está assentado sobre a diferença entre "trabalho pago" e "trabalho não pago", o sistema capitalista dá oportunidade a empregadores gananciosos de pagarem a seus trabalhadores um salário efetivo inferior àquele necessário para a manutenção da força de trabalho. O sistema enseja essas e outras práticas imorais do ponto de vista individual. Contudo, mesmo se tais práticas não existissem, mesmo se todos os capitalistas fossem perfeitamente éticos, ainda assim ocorreria a extração de mais-valor. Marx enfatiza esse ponto para deixar claro que uma simples reforma moral dos indivíduos não alteraria substancialmente o capitalismo. É preciso modificar o sistema de maneira radical.

A mudança em questão tem de eliminar a possibilidade sistêmica de obtenção de mais-valor; tem de alterar a própria finalidade da produção capitalista. Ela não seria mais aquele "vender para comprar", característico da forma social mercantil simples, e, sim, o "comprar para vender": comprar força de trabalho para produzir mercadorias nas quais se crie um excedente de valor. Sobre isso, Marx explica:

> a venda para compra – serve de meio para uma finalidade que se encontra fora da circulação, a apropriação de valores

40 / Marx: uma introdução

de uso, a satisfação de necessidades. A circulação do [...] capital é, ao contrário, um fim em si mesmo, pois a valorização do valor existe apenas no interior desse movimento sempre renovado. O movimento do capital é, por isso, desmedido.[7]

De acordo com o texto, a "satisfação de necessidades", que era a finalidade da produção simples de mercadorias, foi transformada pelo capital em simples meio para obter lucro. Decerto, trata-se de um meio inevitável, pois ainda é preciso que as mercadorias nas quais está embutido o mais-valor atendam à demanda de eventuais compradores. No entanto, esse meio não passa de um meio. A finalidade agora é o mais-valor de que se constitui o capital, definido por Marx como valor que se valoriza. O capital constantemente reincorpora o novo valor ao antigo e se reproduz em escala cada vez mais intensa e incessante, como um poder "desmedido".

É possível compreender a estratégia empregada por Marx em sua crítica da economia política: ela se inicia com uma descrição simples, aparentemente irreal do capitalismo como um mero sistema produtor de mercadorias. Esse começo, no qual o objetivo do sistema é apresentado em forma invertida por Marx, não consiste em uma abstração distante da realidade, uma abstração que seria gradativamente corrigida e substituída por elementos "concretos". Esse começo consiste, antes, na descrição de uma dimensão real do sistema capitalista, que conserva o processo de "vender para comprar", inscrito no de "comprar para vender". Se este último expressa a finalidade geral do sistema, o primeiro corresponde às transações dos trabalhadores que vendem sua força de trabalho para comprar meios de consumo.

---

[7]   Ibidem, p. 228.

Ambos os processos descrevem a realidade. No entanto, eles o fazem de maneira diferente.

A intenção crítica da exposição de Marx fica clara na relação que ele estabelece entre as duas finalidades. A existência do processo de "vender para comprar" não é uma ilusão. A esfera na qual reina uma igualdade jurídica entre a força de trabalho e o capital pode muito bem ocorrer na sociedade burguesa, sem que o capital deixe de extrair mais-valor da força de trabalho. A ilusão que a crítica de Marx denuncia é imaginar essa esfera como a única existente, sem perceber que: primeiro, ela se inscreve no "comprar para vender" constitutivo do capital; e, segundo, a igualdade jurídica é determinada pelo seu oposto, a desigualdade social. No terreno dessa desigualdade estabelece-se a oposição mais profunda, entre capital e força de trabalho, da qual a oposição entre valor e valor de uso, dinheiro e mercadoria, etc., são meras formas de realização. Entender a verdadeira ilusão, e como ela é urdida pelo sistema que organiza a sociedade civil burguesa, constitui o eixo do projeto teórico de Marx, abrindo caminho para o projeto prático de transformação radical do capitalismo.

3. Fetichismo, para além da mercadoria

No curso das longas pesquisas que, na década de 1860, levariam à publicação do Livro I de *O capital*, Marx identificou e descreveu com minúcia um dos fenômenos fundamentais da sociedade burguesa, o fetichismo. Mal percebido pelos primeiros adeptos e intérpretes de seu pensamento no começo do século XX, mesmo depois esse fenômeno muitas vezes é reduzido apenas àquilo que se tornou conhecido como "fetichismo da mercadoria". Contudo, o fetichismo, para além da mercadoria, diz respeito a formas sociais de maior complexidade, como o dinheiro e o capital. Marx formulou o conceito de fetichismo em sentido amplo para explicar e, ao mesmo tempo, desmascarar os mecanismos mistificadores do mundo organizado pelo valor que se valoriza.

De fato, o ponto de partida para a análise do fetichismo assenta-se na forma da mercadoria. Como mercadoria, o trabalho assume sua dimensão abstrata de modo objetivo, isto é, pela reiteração do processo social de troca que, aos poucos, fixa as proporções pelas quais as mercadorias são trocadas, permitindo o cálculo de seu valor. Marx afirma: "Assim que essas proporções alcançam uma certa solidez habitual, elas aparentam derivar da natureza dos produtos do trabalho"[1].

---

[1] Karl Marx, *O capital*, Livro I (trad. Rubens Enderle, São Paulo, Boitempo, 2011), p. 149-50.

44 / Marx: uma introdução

Em outras palavras, embora sejam determinadas realmente por relações sociais entre os produtores, as proporções parecem corresponder a qualidades intrínsecas às coisas e se revestem de um caráter material que lhes confere uma espécie de naturalidade e permanência. Essa é a caracterização geral do fetichismo: projetar nas coisas características próprias à sociabilidade capitalista.

Conforme examinado no capítulo anterior, Marx descreveu a forma mais simples dessa sociabilidade pela simultânea independência e dependência dos produtores de mercadorias, ainda proprietários de seus meios de produção. De modo autônomo dos demais, cada um deles decide o que, quanto e como produzirá, afirmando o caráter privado de seu trabalho na esfera da produção. Só depois, quando leva seu produto ao mercado, é que o produtor verifica se o que fez foi útil para os outros e se a quantidade que produziu foi maior ou menor do que aquela exigida pelos compradores de sua mercadoria. A dimensão social de seu trabalho aparece apenas nessa maneira indireta, mediada pela troca ou venda da mercadoria que produziu. O mesmo ocorre com todos os produtores, de modo que não só as vendas como também as compras de cada um, reguladas por suas necessidades de consumo, articulam a relação social entre os produtores individualizados.

Marx multiplica exemplos históricos de comunidades nas quais não havia propriedade privada para mostrar que, nelas, a dimensão social do trabalho já aparecia diretamente na esfera da produção, sem a mediação da troca de mercadorias. No capitalismo, ao contrário, a mediação existe e avança à medida que a forma mercadoria se alastra por todos os segmentos da vida social. Assim, as relações sociais não se apresentam como vínculo entre pessoas, e sim como vínculo entre coisas, assumindo as qualidades objetivas das coisas, especialmente sua aparência de força externa ao mundo humano, de realidade natural e eterna. Essa força parece dividir o trabalho entre os produtores e criar as necessidades e os desejos dos consumidores, ao mesmo tempo em que mantém intocáveis instituições como a propriedade privada. A naturalidade intrínseca às coisas obscurece o caráter histórico do capitalismo e, assim, contribui muito para sua aceitação e manutenção.

Contudo, a palavra "fetichismo" é empregada por Marx para indicar mais exatamente o reverso dessa situação: não só as relações entre as pessoas adquirem atributos objetivos, mas também as coisas passam a se revestir de qualidades subjetivas. "Fetiche" vem de "feitiço" e designa algo enfeitiçado, algo inanimado que se move como se estivesse vivo e ao qual se atribui um poder misterioso. Ao usar esse termo, Marx não quer dizer que as mercadorias podem ir ao mercado por conta própria, e sim que o padrão pelo qual elas são trocadas é, aparentemente, seu valor de uso, suas qualidades materiais inerentes. É como se essa materialidade presidisse as relações sociais de troca, como se o valor de troca fosse determinado pelo valor de uso e não pela sociabilidade do trabalho. Por isso, enquanto as relações humanas se coisificam, as relações entre as coisas adquirem subjetividade, e expressões como o "mercado está nervoso" ou "está calmo" tornam-se lugar-comum nos meios de comunicação.

No entanto, é preciso salientar que o intercâmbio entre as características das coisas e as das pessoas não é visto por Marx como uma mera aparência que a crítica pudesse dissolver sozinha. A ilusão criada pelo fetichismo é real. Ela, de fato, condiciona comportamentos, concentra poderes sociais efetivos em representações, dificulta a percepção de seus artifícios. Marx afirma que, em suas relações sociais, os indivíduos são inconscientes de toda a dimensão de seus atos: "Eles não sabem disso, mas o fazem"[2], diz uma conhecida sentença de O capital. Assim, não é possível nem necessário que as pessoas tenham perfeito conhecimento das condições do mercado e do sistema inteiro da produção social para neles atuar. O sistema é constituído para além da adesão consciente e das estratégias racionais de cada produtor ou consumidor justamente porque projeta suas características historicamente determinadas no movimento natural de coisas, delegando a elas a função de organizar a vida humana.

O poder que realiza a ilusão fetichista é ainda mais forte quando entra em cena não apenas como mercadoria em geral, e sim como a mercadoria equivalente geral, isto é, o dinheiro. Como o dinheiro é o mediador universal das trocas, nele sintetiza-se toda a circulação de mercadorias, toda a ligação social entre os vários trabalhos privados. Marx afirma, nesse sentido, que "o poder que cada indivíduo exerce sobre a atividade dos outros ou sobre as riquezas sociais existe nele como o proprietário de valores de troca, de dinheiro", mais do que como o produtor de mercadorias. E arremata: seu "poder social, assim como seu nexo com a sociedade, [o indivíduo] traz consigo no bolso"[3].

Pelo simples fato de possuir dinheiro, um indivíduo pode comprar o que outros produziram ou pode contratar alguém para trabalhar em seu lugar. Nesse caso, o fetiche

---

[2] Ibidem, p. 149.

[3] Idem, Grundrisse (trad. Mario Duayer e Nélio Schneider, São Paulo, Boitempo, 2011), p. 105.

consiste na transposição das relações de trabalho e de troca na matéria do dinheiro, transposição que se realiza como manifestação do poder social de comandar trabalho alheio. A matéria de que é feita a mercadoria usada como dinheiro parece conferir poder a ele, quando, na verdade, esse poder decorre de sua função de equivalente geral. O poder fetichista do dinheiro vem de uma relação social que encontra nele a forma adequada para se realizar. É importante recompor corretamente essa formulação do fetichismo do dinheiro por Marx para entender o processo histórico pelo qual o dinheiro abandonou a forma identificada com metais preciosos, como o ouro, a prata e o cobre, e adotou a forma do papel-moeda. Depois do papel-moeda, o dinheiro ainda pôde evoluir para a forma de cartões magnéticos de débito e crédito, e outras mais, livrando-se do lastro em ouro e adquirindo, com isso, até mais poder social do que antes, em razão da universalização de seu caráter de equivalente.

A partir dessa concepção do dinheiro como forma que se autonomiza das relações sociais de produção que a originaram e que passa a comandá-las, Marx desenvolve a sequência cada vez mais complexa de suas funções. De simples medida de valor, o dinheiro passa a meio para efetuar diretamente a transação de mercadorias e, depois, a meio de pagamento, forma na qual precisa se apresentar apenas virtualmente, como uma promessa de futuro reembolso do valor da mercadoria comprada. Como meio de pagamento, é possível realizar uma grande cadeia de transações repassando a mesma promessa de reembolso de mão em mão, de modo a ampliar grandemente o poder aquisitivo do dinheiro e a aparência fetichista de que é ele o responsável pela circulação de uma enorme massa de mercadorias.

48 / Marx: uma introdução

Por fim, quando o dinheiro é usado para pagar o salário de trabalhadores, de quem é extraído o mais-valor, ele se converte em forma monetária do capital. Agora seu poder fetichista penetra na esfera da produção das mercadorias, não se contentando em presidir apenas a esfera das trocas. Quem recebe salário pode comprar as mercadorias de que necessita para sobreviver e, como comprador e consumidor, alcança certo poder social. Contudo, quem paga o salário tem direito a se apropriar da força de trabalho de quem a vende e dispor dela para produzir uma mercadoria de valor mais alto. Na realidade, é o capitalista quem detém o verdadeiro poder social. Em suas mãos, o dinheiro representa todo o processo pelo qual a força de trabalho é contratada, os meios de produção são comprados e a mercadoria produzida tem seu mais-valor realizado ao ser vendida.

Assim, o capital na forma de dinheiro se reveste de um fetichismo que ultrapassa a esfera da circulação à qual se limitavam a mercadoria e o dinheiro em si mesmos. O capital tem poder fetichista não apenas por assumir a forma de mercadoria ou de dinheiro, mas por comandar o processo de trabalho de modo a se apresentar como um elemento de produção também capaz de produzir valor. Para Marx, o poder de comando que dá ao capital a pretensão de produzir valor é a figura central do fetichismo presente na sociedade burguesa.

De fato, o capital não cria valor, uma vez que ele mesmo é valor. Marx ressalta que somente o trabalho pode criar valor e aponta o engano dos economistas, que confundem o capital ora com os meios materiais de produção, ora com o dinheiro, definindo o lucro como a remuneração devida ao capital por ser uma fonte independente de geração de valor. Para Marx, o capital apenas adota uma forma específica, seja a dos meios de produção, seja a do dinheiro pago na compra de força de trabalho e matérias-primas, seja a das mercadorias produzidas; mas não se reduz a nenhuma delas. Como valor que se valoriza, o capital está sempre no fluxo entre essas formas. Essencialmente, ele é a relação social que exclui a força de trabalho da propriedade dos meios de produção e a inclui no processo de valorização como um recurso subordinado. É uma ilusão pensar que o capital também produz valor.

Essa ilusão, porém, não é gratuita. Há algo no modo como o capital se constitui que induz a ela: a valorização se efetua sob condições determinadas pelo próprio capital. Sucessivos capítulos do Livro I de *O capital* analisam o processo pelo qual a força de trabalho é submetida realmente às condições da "cooperação", da "divisão do trabalho" e da "grande indústria". Antes de tudo, ao destituir o trabalhador da propriedade dos meios de produção, o capital se torna sua fonte única de emprego. É interessante registrar aqui que a palavra "emprego", como sinônimo de "trabalho", ilustra bem a situação na qual trabalhar quase sempre implica ser empregado pelo capital. Uma vez que o capital despojou os trabalhadores dos meios de produção, ele pode reuni-los num mesmo empreendimento e fazê-los "cooperar" sob seu comando, potencializando a força dos indivíduos agregados. Num segundo momento, o capital divide tarefas entre eles para aumentar a produtividade do conjunto, em um processo já conhecido desde as manufaturas inglesas do século XVIII e descrito por Adam Smith em *A riqueza das nações*[4].

---

[4]   Adam Smith, *A riqueza das nações* (trad. Luiz João Baraúna, São Paulo, Nova Cultural, 1996), 2 v.

50 / Marx: uma introdução

Por fim, a "grande indústria" corresponde ao sistema fabril, caracterizado por subordinar o trabalhador à máquina. A partir desse último momento, ocorre a completa perda de controle do trabalhador sobre o processo de produção: a ferramenta se acopla ao corpo da máquina e não mais ao da pessoa. Por isso, diz Marx, na "manufatura e no artesanato, o trabalhador se serve da ferramenta; na fábrica, ele serve à máquina". E explica: "não é o trabalhador quem emprega as condições de trabalho, mas, ao contrário, são estas últimas que empregam o trabalhador"[5].

O deslocamento das qualidades humanas para as coisas alcança agora proporções terrivelmente reais. O trabalhador passa a gravitar em torno de coisas que deformam a saúde e a integridade de seu corpo e que se autonomizam a ponto de, no limite, poderem funcionar sozinhas. Marx descreveu a fábrica como um "autômato"[6] muito antes da invenção dos robôs. O processo produtivo torna-se objeto de uma engenharia sofisticada, pois se descola dos limites físicos e mentais da pessoa e serve apenas à necessidade do capital de aumentar a produtividade e o lucro. A ciência natural transforma-se em força produtiva, e a pesquisa científica se legitima por suas possíveis aplicações à tecnologia. Como outras esferas da vida, também a do saber passa a ser medida e julgada em termos de eficácia e utilidade.

Assim, a ilusão de que o capital também cria valor decorre de sua capacidade de organizar e potencializar a capacidade do trabalho de criar valor. Seja pela simples reunião de trabalhadores, seja pela divisão técnica das tarefas entre indivíduos ou grupos de indivíduos, seja, enfim, por sujeitar

---

[5]   Karl Marx, *O capital*, Livro I, cit., p. 494-5.

[6]   Ibidem, p. 454.

o trabalhador a lidar com máquinas cada vez mais aperfeiçoadas, o capital eleva o rendimento do trabalho. Essa é a base real sobre a qual assenta sua pretensão de também criar valor e, portanto, de que o mais-valor corresponda àquilo que teria sido sua contribuição no processo de produção. O mais-valor não seria, então, fruto da exploração da força de trabalho, e sim uma remuneração devida ao capital por ter elevado a produtividade do trabalho; aqui, a ilusão surge da confusão entre a mera organização do processo produtivo e a criação propriamente dita de valor.

Além disso, a pretensão fetichista do capital deriva do papel exercido pelas máquinas e demais equipamentos que constituem sua propriedade exclusiva. Parece que esses meios de produção criam valor no produto final, quando, na verdade, seu valor foi criado pelo trabalho que os produziu e é apenas repassado para o produto pelo trabalho que depois os utiliza. Marx explica que o valor dos meios de produção resulta de trabalho pretérito, objetivado e, nesse sentido, "morto"; contraposto a ele no processo de produção apresenta-se o trabalho "vivo", isto é, o trabalho presente que emprega os meios para produzir uma nova mercadoria. O trabalho "vivo" é o que, ao consumir a materialidade do meio de produção, simultaneamente transfere o valor da parte consumida para o produto. Portanto, de modo algum o capital investido nos meios de produção cria valor novo, ao contrário da aparência fetichista.

Ao estabelecer a diferença entre trabalho morto e trabalho vivo, Marx exibe o mecanismo do fetiche para o qual o trabalho materializado nos meios de produção seria idêntico à atividade presente realizada pelo trabalhador. Contudo, mais do que isso, Marx propõe que essa diferença se apresenta como uma oposição derivada diretamente da oposição entre capital e trabalho. Não se trata de uma simples diferença, na qual ambos os termos são externos e indiferentes um ao outro, e sim do resultado de uma negação recíproca e da subordinação de um dos termos (o trabalho) ao outro (o capital). Marx formula a oposição em uma conhecida metáfora: "O capital é trabalho morto, que, como um vampiro, vive apenas da sucção de trabalho vivo, e vive tanto mais quanto mais trabalho vivo ele suga"[7]. Encarnado nos meios de produção, o capital opõe-se ao trabalho, mas volta à vida pela energia do trabalho vivo, que transfere seu valor para o produto. Essa ressurreição coloca o morto na dependência total do vivo: como um vampiro, ele revive apenas enquanto consegue sugar sangue vivo.

Desse modo, a oposição entre capital e trabalho revela-se contraditória. Por um lado, a subordinação do trabalho permite ao capital autonomizar-se a ponto de pretender que os agentes dessa subordinação, os meios de produção, funcionem como autômatos que dispensam o emprego de mão de obra. Por outro, somente o trabalho cria o valor e o mais-valor de que é composto o próprio capital. Ao excluir do processo de produção o trabalho do qual depende para existir, o capital exclui-se de si mesmo, ameaça aniquilar-se. Quanto mais aperfeiçoa máquinas e instrumentos com os quais substitui a força de trabalho, mais o capital diminui a base sobre a qual repousa o processo de valorização que o constitui. Quanto mais nega necessitar de trabalho vivo, mais o trabalho morto nega sua capacidade de continuar existindo, nega a si mesmo, contradiz-se.

Ao alcançar esse ponto da análise do capitalismo, Marx expõe o caráter claramente dialético desse sistema social,

---

[7] Ibidem, p. 307.

presidido por uma relação social contraditória. Não se trata mais apenas da oposição de um termo ao outro, como valor e valor de uso, dinheiro e mercadoria, capital e trabalho. Trata-se de uma oposição do capital a si próprio, de uma autonegação que aponta, no limite, para seu fim. A passagem da oposição à contradição é o momento central da crítica de Marx ao capitalismo, pois caracteriza essa crítica como expressão da autonegação objetiva do capital. Marx não precisa condenar o sistema, pois o sistema se condena a si mesmo pela força da contradição que o move e, ao mesmo tempo, o corrói e destrói.

Assim, o fetichismo adota uma forma desenvolvida o bastante para explicitar não apenas a inversão entre pessoas e coisas, mas também o fundamento que a determina, a saber, a inversão entre sujeito e objeto executada pelo capital. O trabalho é o verdadeiro sujeito criador de valor, mas é dominado pelo capital e submetido à tirania dos meios de produção, que usurpam sua posição e se apresentam como o sujeito que organiza e comanda o processo. De sujeito, o trabalho passa a objeto, a instrumento vivo, enquanto o objeto passa a sujeito. Contudo, sobre esse novo sujeito pesa uma condenação: sua vida e sua atividade são roubadas do trabalho, mas ele vive só enquanto consegue sugar trabalho vivo. É tentando resolver essa contradição que o capital cria novas estruturas econômicas, novas formas sociais e políticas, novas representações ideais de seus processos efetivos. No entanto, a contradição permanece configurando a sociedade capitalista.

4. Ideias e representações

A formulação do conceito de fetichismo permitiu a Marx retomar e desenvolver um tema fundamental de suas primeiras análises da sociedade burguesa: o vínculo entre a produção de ideias e a produção da vida social. No conjunto de manuscritos escritos por Marx e Engels e publicados no século XX com o nome de *A ideologia alemã*, é possível ler, por exemplo:

> Desde o início, portanto, a consciência já é um produto social e continuará sendo enquanto existirem homens. A consciência é, naturalmente, antes de tudo a mera consciência do meio sensível *mais imediato* e consciência do vínculo limitado com outras pessoas e coisas exteriores ao indivíduo que se torna consciente; [...] a partir do momento em que surge uma divisão do trabalho material e [trabalho] espiritual. A partir desse momento, a consciência *pode* realmente imaginar ser outra coisa diferente da práxis existente, representar algo realmente sem representar algo real – a partir de então, a consciência está em condições de emancipar-se do mundo e lançar-se à construção da teoria, da teologia, da filosofia, da moral etc. "puras".[1]

---

[1] Karl Marx e Friedrich Engels, *A ideologia alemã* (trad. Rubens Enderle, Nélio Schneider e Luciano Cavini Martorano, São Paulo, Boitempo, 2007), p. 35-6.

Nota-se que a consciência não é vista por Marx e Engels como um momento secundário ou posterior às condições que garantem a produção da vida social. A conhecida distinção entre base econômica e superestrutura política e cultural não constitui uma via de mão única, e sim uma relação de complementaridade dialética, na qual a atividade material e a consciência se determinam mutuamente mediante convergências e divergências. A consciência está imbricada na atividade material como consciência do "meio sensível mais imediato" em que se vive e se trabalha e como consciência "do vínculo limitado", isto é, imediato, "com outras pessoas" com quem se trabalha e se convive.

Assim imbricadas com a produção da vida, as ideias só se separam quando passam a ser formuladas por uma classe social que não exerce trabalho direto. Segundo o texto, a consciência dessa classe pretende, então, ser "diferente da práxis existente" e elabora teorias "puras", quer dizer, emancipadas do mundo da ação imediata. A conclusão fundamental é que, pela separação do mundo da práxis, a consciência dessa classe pode "representar algo realmente sem representar algo real". Esse enunciado indica um novo sentido de realidade, que não mais se refere ao mundo representado, e sim à própria representação: como produto da nova classe dedicada às tarefas "espirituais", a representação encontra em si mesma a verdade, e não mais na referência à realidade.

Infere-se do texto que a classe que produz os meios de existência para todos preserva sua consciência prática, mas essa consciência passa a ser vista como corriqueira e inferior, quando comparada às formas da consciência "pura". A classe ainda ligada à "atividade material" é desqualificada como produtora de ideias pela classe especializada no trabalho da representação. A produção da vida não parece digna de ser objeto de consciência, se por "consciência" são entendidas as formas de representação "emancipadas do mundo".

Esse raciocínio reaparece duas décadas mais tarde, quando Marx escreve, no Livro I de *O capital*, que os agentes da troca, presos ao fetichismo, realizam de modo inconsciente a abstração que estabelece o valor das mercadorias: "Eles não sabem disso, mas o fazem"[2]. A forma mais simples da sociabilidade capitalista, a mercadoria, exacerba a desqualificação e o rebaixamento da consciência prática registrada antes, agora não como produto da divisão das tarefas materiais e espirituais, e sim como resultado do próprio fetichismo. Não é preciso "saber", conhecer o processo de abstração dos valores de uso para comparar o valor das mercadorias, pois a abstração se sustenta na repetição automática das trocas. A atividade da troca é banalizada a ponto de parecer dispensar a intervenção da consciência.

Por sua vez, a atividade da produção capitalista reveste-se de uma banalidade ainda maior. Na produção em escala industrial, o trabalhador cada vez mais se limita ao movimento reiterado imposto pela máquina, que rebaixa sua consciência ao nível da mera atenção. Em contrapartida, a ciência patrocinada pelo capital passa a ter o aspecto de um saber "puro", pois sua técnica não é a do artesão, e sim a de um cientista legitimado por uma teoria formulada em laboratório. A tarefa do trabalhador e a do engenheiro distinguem-se como a das duas classes sociais descritas nos referidos manuscritos de Marx e Engels.

---

[2] Karl Marx, *O capital*, Livro I (trad. Rubens Enderle, São Paulo, Boitempo, 2011), p. 149.

58 / Marx: uma introdução

Contudo, há um fenômeno mais complexo em jogo. No esvaziamento capitalista da consciência ligada à produção da vida, operam mecanismos que podem ser chamados de representação prática e que vão desde o simples uso do dinheiro nas trocas até as figuras complexas do capital financeiro e da renda monetária sobre a propriedade privada. É importante desenvolver um pouco mais esse ponto.

Em diversos momentos da crítica da economia política, elaborada a partir de 1858, Marx descreve a capacidade de certas formas sociais em representar o movimento das formas mais simples. Começando pela troca direta de duas mercadorias, a mercadoria que atua como equivalente "representa", no vocabulário de Marx, o valor da mercadoria por ela trocada. Por isso, o equivalente geral, o dinheiro, assume a função de "representante" do valor de todas as mercadorias e cria uma percepção distorcida nos indivíduos que participam da troca: o dinheiro parece ser o responsável por atribuir valor aos valores de uso produzidos por esses indivíduos. Parece que o dinheiro é o verdadeiro agente das trocas e não o simples portador de uma determinação já presente em qualquer mercadoria, a saber, a de possuir valor. A representação desse valor converte o dinheiro de mero intermediário em propulsor da troca, de mero portador de uma função a ele delegada em fonte do poder de relacionar coisas e pessoas. Trata-se de uma representação prática, porque enraizada na ação dos indivíduos, que se imprime na consciência deles como representação mental.

Quando o dinheiro assume funções de capital, seu poder de representação prática cresce e se manifesta como capacidade de pagar a força de trabalho e comprar os meios de produção. Mais do que o dinheiro por si próprio, o capital investido na produção de mercadorias passa a representar essa produção como o agente principal do processo de criação de valor, tomando o lugar do trabalho, o real responsável pela produção e pela valorização. Por ser o proprietário dos meios de produção, o capital é proprietário da mercadoria a ser produzida, comanda o processo de trabalho e se apropria da riqueza e do valor gerado. Em todos esses momentos, a propriedade privada confere ao capital o poder de representação prática. A partir dessa forma fundamental da representação, desenvolvem-se outras formas mais complexas, sempre baseadas no direito de propriedade.

Por exemplo, com a expansão da escala de produção, parte do capital das empresas vem de terceiros, como de bancos que lhes concedem crédito ou de acionistas da bolsa de valores. Esses novos agentes têm direito de propriedade sobre elas na forma de títulos sobre lucros futuros. À medida que se desenvolve nessa direção, o sistema se distancia da verdadeira fonte criadora do valor, o trabalho, e se aproxima da propriedade privada excludente do trabalho, transformada em princípio organizador da produção e da vida social. Os títulos de propriedade sobre o capital passam a representar todo o processo de produção e de comercialização das mercadorias, todo o trabalho investido em sua produção e comercialização. Tais títulos parecem ser os gestores e os propulsores desses processos, sua origem e razão de ser. Na prática dos negócios capitalistas, os títulos de propriedade representam o poder social de seus detentores de um modo muito mais acentuado do que aquele atribuído ao dinheiro.

Por esse processo de representação, o trabalho deixa de ser o eixo da sociedade, que passa a girar em torno da propriedade privada. Essa é a face mais acabada do fetichismo, conforme a qual não se trata mais de converter sujeitos em coisas e coisas em sujeitos, como na etapa mais simples da análise da mercadoria. Sob a forma complexa dos títulos de propriedade, o fetichismo se define como o poder das representações em comandar o trabalho e a vida. O que os indivíduos sabem, o que eles precisam saber para atuar no sistema, é apenas o que o sistema lhes mostra: uma forma distorcida e unilateral dos processos sociais realizados, na verdade, pelo trabalho. Assim, as representações práticas que organizam a ação social, como o dinheiro e as formas do capital, representam também, na percepção dos indivíduos, aquilo que eles fazem. O possuidor de dinheiro, como na passagem já citada dos *Grundrisse*, entende que carrega seu poder social no bolso[3]; o possuidor de um título financeiro imagina ser um capitalista.

Essas representações mentais que decorrem das representações práticas são refinadas e sistematizadas por um grupo especial de pessoas. Conforme explicam Marx e Engels:

> A divisão do trabalho [...] se expressa também na classe dominante como divisão entre trabalho espiritual e trabalho material, de maneira que, no interior dessa classe, uma parte aparece como os pensadores dessa classe, como seus ideólogos ativos, criadores de conceitos, que fazem da atividade de formação da ilusão dessa classe sobre si mesma o seu meio principal de subsistência, enquanto os outros se comportam diante dessas ideias e ilusões de forma mais passiva e receptiva, pois são, na realidade, os membros ativos dessa classe e têm menos tempo para formar ilusões e ideias sobre si próprios.[4]

---

[3] Idem, *Grundrisse* (trad. Mario Duayer e Nélio Schneider, São Paulo, Boitempo, 2011), p. 105.

[4] Karl Marx e Friedrich Engels, *A ideologia alemã*, cit., p. 47-8.

No caso da sociedade capitalista, uma parte significativa dos "pensadores da classe" proprietária dos meios de produção é formada pelos economistas, que atuam como "criadores de conceitos" e têm como "meio principal de subsistência" o desenvolvimento da disciplina econômica. Antes de tudo, os conceitos que eles criam estão fundados nas representações práticas repetidas no dia a dia dos "membros ativos" da classe capitalista, os empresários dos vários ramos da produção, do comércio e das finanças. Por isso, Marx explica que as categorias da economia política são "socialmente válidas e, portanto, dotadas de objetividade para as relações de produção desse modo social de produção historicamente determinado"[5]. Ou seja, Marx não julga que as categorias da economia política sejam um falseamento direto da realidade. Ao contrário, ele as considera "objetivas" e "socialmente válidas", mas apenas dentro da especificidade histórica do capitalismo, que consiste em articular as relações entre pessoas e coisas mediante representações práticas que invertem essas relações. É já na própria realidade de suas representações práticas que o capitalismo se apresenta de modo distorcido, como se, por exemplo, o valor fosse fixado pelo dinheiro e produzido pelo capital.

Para Marx, portanto, tratava-se de demonstrar que a fonte dos erros da economia política consiste em supor os fenômenos econômicos como dados naturais e positivos, omitindo sua origem histórica e o fato de que resultam de uma distorção. Mesmo os economistas mais respeitados por Marx, como Smith e Ricardo, sucumbiram ao encanto fetichista que imprime às relações sociais capitalistas o caráter natural de coisas e, por isso, apaga sua particularidade

---

[5]   Karl Marx, *O capital*, Livro I, cit., p. 151.

62 / Marx: uma introdução

histórica; cederam à forma evidente das representações práticas, que convertem o simples mediador em finalidade do processo econômico; e consideraram elementos que compõem parte do processo de troca e de produção como seu primeiro motor e representantes do processo inteiro.

Essas consequências do fetichismo capitalista correspondem ao que Marx e Engels chamaram de ideologia em 1845-1847. Ideologia, em primeiro lugar, refere-se à invenção de ideias que tomam a parte pelo todo, ideias que, por exemplo, generalizam a perspectiva de uma classe para todas as demais classes da sociedade. Em segundo lugar, designa o processo de inversão dos fenômenos sociais que vê os meios como os fins, como no caso em que o objetivo de lucrar é obscurecido pela alegação de que a finalidade do capitalismo é atender a necessidades sociais. Em terceiro lugar, corresponde à fantasia intelectual de que existe um movimento puro das ideias, que gerariam umas às outras sem relação com as condições da vida material efetiva.

Se a fonte das "ideias e ilusões" da economia política são as representações práticas por cujo intermédio esse sistema social funciona, seu desenvolvimento em representações mentais e conceitos específicos de vários matizes constitui uma etapa posterior. Aqui se abrem múltiplas possibilidades, múltiplas teorias econômicas, todas baseadas na inversão original operada pela própria realidade capitalista; todas, portanto, ideológicas. Sua diferença pode ser atribuída ao desdobramento da oposição fundamental entre capitalistas e assalariados em outras classes e frações de classe, conforme são divididos os meios de produção e os meios de consumo.

Nesse sentido, a ideologia não é apenas um produto social, e sim um elemento decisivo na luta de classes:

sua criação e difusão pelos "ideólogos ativos" da classe ou da fração de classe dominante visa justificar sua dominação e impô-la também como representação mental às classes dominadas. Mais uma vez, nos manuscritos redigidos entre 1845 e 1847, Marx e Engels esclarecem o modo como isso ocorre:

> A classe que tem à sua disposição os meios da produção material dispõe também dos meios da produção espiritual, de modo que a ela estão submetidos aproximadamente ao mesmo tempo os pensamentos daqueles aos quais faltam os meios da produção espiritual [...]. Os indivíduos que compõem a classe dominante [...] regulam a produção e a distribuição das ideias de seu tempo.[6]

Não só objetos tangíveis, também ideias são produzidas e distribuídas por "meios de produção espiritual", como jornais, livros, escolas, meios de comunicação e redes sociais. O trecho citado generaliza essa situação para qualquer sociedade dividida em classes, mas é ainda mais adequado ao mundo presidido pelo capital, devido ao gigantesco desenvolvimento técnico destinado a aumentar a produtividade do trabalho. Nesse mundo, as ideias são criadas e difundidas em escala industrial pelos aparelhos e métodos da ciência patrocinada pelo capital. Produzir ideias e significados do mesmo modo como se fabricam coisas é algo típico da sociedade articulada pelo fetichismo. Notícias de jornal, descobertas científicas, obras de arte ou artigos de fé revestem-se da forma de mercadoria e, além de proporcionar lucro para seus proprietários, desempenham um papel específico na manutenção ideológica do sistema e do domínio da classe social que dele se beneficia.

---

[6]   Karl Marx e Friedrich Engels, *A ideologia alemã*, cit., p. 47.

Contudo, esse domínio não é absoluto. Para Marx, apesar de submetidos a uma máquina de dominação do pensamento, "aqueles aos quais faltam os meios da produção espiritual", isto é, as classes produtoras do mais-valor, sempre podem resistir ao poder do sistema, sempre são capazes de desenvolver seus próprios recursos para produzir ideias contrárias à ideologia e desmistificá-la. Aqui se trava uma batalha desigual, mas decisiva. O lado crítico e revolucionário, se não dispõe das mesmas armas que seu oponente, tem a seu favor o fato de que o edifício inteiro do capitalismo, com todas as suas representações práticas e mentais, repousa sobre uma fundação precária, uma oposição do capital a si próprio, uma contradição que mina recorrentemente sua expansão e sua existência. O capital não tem controle total sobre as condições que cria para se reproduzir e ampliar. Nos momentos em que suas contradições irrompem em crises, abre-se uma chance para a transformação radical do mundo.

5. Crises econômicas

Durante muito tempo, o fenômeno das crises não recebeu atenção dos estudiosos de economia, que insistiam na capacidade harmonizadora do sistema de distribuição capitalista pelo mercado e julgavam as crises um simples acaso. De modo excepcional, autores como David Ricardo ou o suíço Simonde de Sismondi (1773-1842) chegaram a reconhecer a importância das crises, mas apenas como um limite que poderia ser contornado pelo sistema econômico. Só a partir da crise de 1929 e da Grande Depressão da década de 1930, o conceito de crise foi incorporado à teoria econômica oficial pela vertente teórica fundada por John M. Keynes (1883-1946). Contudo, Keynes concebe as crises como uma possibilidade que pode ser evitada e resolvida mediante a intervenção eficaz do Estado na correção dos desequilíbrios criados pelo livre movimento do setor privado.

Para Marx, no entanto, as crises são inevitáveis e inerentes ao capitalismo. As crises não são um acaso, uma simples possibilidade dentro do sistema capitalista, tampouco acontecem por causa de fatores externos ao sistema. Uma epidemia ou um desastre ambiental, por exemplo, são situações que somente agravam uma crise já em curso e são produzidas pela relação predatória do capitalismo com a natureza. Assim, tais fatores são *internos* ao sistema presidido pelo capital. As crises também não se reduzem à mera

66 / Marx: uma introdução

possibilidade de desarranjo das forças de mercado refletida na queda do consumo ou dos investimentos privados.

Para Marx, as crises constituem uma determinação central e incontornável do capital, que pode ser, no máximo, atenuada e postergada, mas que tende necessariamente a se manifestar em algum momento. Isso porque são manifestação do aspecto negativo inerente ao capital, que se opõe ao trabalho assalariado: ao excluir de si a fonte do valor e da valorização, o capital opõe-se a si mesmo em uma contradição paralisante. Nesses momentos, ocorre uma desvalorização do capital existente que contraria a definição do capital como valor que se valoriza e compromete a base de seu crescimento, negando as condições de sua existência. A valorização depende, justamente, de um aspecto decisivo da oposição do capital ao trabalho assalariado, relacionado à necessidade que o capital tem de medir tanto o valor que possui em certo momento quanto o mais-valor obtido pela exploração da força de trabalho. Uma falha nessa mensuração implica a desvalorização e a crise do capital.

Marx destaca repetidamente que, além de produzir valor para o capital, o trabalho atua como medida do valor do capital. Assim, quando compra a força de trabalho, o capitalista compra também a capacidade de medir o valor em cada etapa do processo de valorização. Aqui se manifesta o aspecto negativo da oposição: não é o capital, mas o trabalho quem sempre mede o valor; quando o capital o exclui, substituindo-o por máquinas e outros equipamentos, ele exclui a capacidade de medir-se e incorre, então, no fenômeno da desmedida. Em outras palavras, a perda de medida leva à sua desvalorização.

O capital pretende ter adquirido o poder de medir o valor ao incorporar a força de trabalho, mas essa condição é puramente formal, pois está baseada no ato jurídico da compra da força de trabalho, ou seja, na formalidade contratual da relação entre empregador e empregado. A partir dessa formalidade, o capital cria algumas formas de se medir, como a taxa de lucro ou a taxa de juros, que serão contrariadas pela forma verdadeira da mensuração, a taxa de mais-valor, tão logo estoura uma crise. Essa contradição entre as medidas formais criadas pelo capital e a medida real associada ao trabalho caracteriza o que Marx denomina desmedida. É ela que define a crise.

Como desmedida, o conceito de crise ganha um papel central na análise que Marx faz do capitalismo. Em primeiro lugar, retomando a etimologia da palavra, a crise se refere diretamente à crítica. Marx não critica o capitalismo de um ponto de vista subjetivo, isto é, de um observador situado fora do sistema que o condena por suas falhas; ele o critica explicando como o funcionamento do sistema leva fatalmente a crises nas quais se revela sua contradição de fundo. As crises assinalam, desse modo, uma espécie de crítica objetiva do capital, de autocrítica realizada pela própria força dos fatos. Em segundo lugar, a crise é inerente ao capital em um sentido estrito: em cada etapa da apresentação de Marx do conceito de capital, o conceito de crise surge como o aspecto negativo indissociável do capital; sempre que o conceito de capital alcança uma forma mais complexa ou um conteúdo mais rico, também o de crise é determinado na forma mais complexa e com o conteúdo mais rico.

Assim é que se configura o projeto de apresentação dos conceitos seguido por Marx em *O capital*. Cada etapa da análise, desde as formas mais simples de sociabilidade, como a mercadoria e o dinheiro, passando pelas formas sucessivamente mais complexas da produção e da reprodução

68 / Marx: uma introdução

do capital, é marcada por uma negatividade que deriva da oposição entre capital e trabalho e resulta em uma definição mais plena de determinações da desmedida característica da crise. O conceito de crise aparece como o lado negativo do conceito de capital e desdobra-se, como este último, em definições mais complexas. Reconstituir aqui esse desdobramento em suas linhas gerais é útil para compreensão do conceito de crise.

Começando com a forma simples, Marx indica a possibilidade de crise já no nível da circulação de mercadorias com o intuito claro de refutar as pretensões dos economistas liberais em relação à harmonia e ao equilíbrio do que chamam de "mercado". Nos termos da análise de Marx, essa harmonia ocorre pela fluidez com a qual compras e vendas se sucedem, já que existe correspondência entre as quantidades do que se produz e do que se procura – isto é, porque a procura dos consumidores serve de medida para o trabalho dos produtores. No entanto, para Marx, essa correspondência não passa de uma mera possibilidade ao lado de outra, igualmente provável, de que tal correspondência não se verifique e de que exista uma desmedida entre o consumo e a produção. Nesse último caso, a circulação fluida de mercadorias seria interrompida ou, pelo menos, bastante afetada, levando Marx a uma primeira definição de crise.

Em um dos manuscritos preparatórios para a redação de *O capital*, Marx descreve a lógica que preside essa situação, ele ressalta que

> o percurso de um processo através de duas fases opostas, sendo essencialmente, portanto, a unidade das duas fases, é igualmente a separação das mesmas e sua autonomização uma em face da outra. Como elas então pertencem uma à outra,

a autonomização [...] só pode aparecer violentamente, como processo destrutivo. É a crise, precisamente, na qual a unidade se efetua, a unidade dos diferentes.[1]

As "fases opostas" a que o trecho se refere são a venda e a compra, e sua unidade é o objetivo de vender para poder comprar. Como essas ações se realizam pela mediação do dinheiro, elas se separam e se autonomizam "uma em face da outra", podendo não coincidir. Quem vendeu sua mercadoria e dispõe de dinheiro não precisa comprar outras mercadorias imediatamente e no mesmo lugar; pode esperar para comprar aos poucos e em outros lugares. No entanto, em algum momento, terá de comprá-las. Por isso, venda e compra "pertencem uma à outra" e sua separação "só pode aparecer violentamente, como processo destrutivo" da circulação fluida de mercadorias. A crise, nesse âmbito ainda simples, é definida como a impossibilidade de que as fases opostas do processo se autonomizem completamente; elas podem se autonomizar até certo ponto, mas, além dele, o processo é ameaçado.

O texto citado constitui um ótimo exemplo da análise dialética de Marx. O movimento do capital em sua valorização se articula sempre em dois momentos que se opõem, e não apenas se distinguem. Como se opõem, sua diferença tende a crescer até a plena autonomia. Contudo, eles não nasceram diferentes um do outro; antes, foram colocados em oposição por um processo único que precisa se completar, tornando impossível a autonomia total. Se um dos momentos da oposição representa a medida do outro, sua autonomização cria, em algum grau, uma desmedida.

---

[1] Karl Marx, *Teorias da mais-valia: história crítica do pensamento econômico*, v. II (trad. Reginaldo Sant'anna, São Paulo, Difel, 1983), p. 936.

Em um segundo momento da definição conceitual de crise, a estrutura dialética exposta acima é mantida para explicar a circulação do capital. Nesse caso, a unidade do processo não é mais ditada pelo objetivo de vender para comprar, e sim pelo de comprar para vender, ou seja, pelo capital que compra matérias-primas e força de trabalho para produzir e vender uma mercadoria cujo valor é acrescido de mais-valor. Esse processo pode ser comprometido se, por exemplo, ocorrer uma mudança no valor da força de trabalho adquirida pelo capital que altere o cálculo do mais-valor, ou se as matérias-primas e os instrumentos de trabalho que um setor capitalista compra de outro setor não tenham sido produzidos na quantidade correta para garantir a continuidade da produção em geral. Nesse momento, compras e vendas são fases opostas que perdem sua referência recíproca, acarretando uma desmedida que compromete a circulação e a reprodução do capital como um todo. Muitos capitais individuais podem ter prejuízo e talvez venham a falir, gerando uma desvalorização do capital existente na sociedade como um todo na forma de matérias-primas, máquinas, dinheiro e mão de obra. Essa definição de crise é mais complexa do que a anterior por ser determinada pelo processo de valorização do capital. No entanto, permanece na esfera da compra e venda, na qual a desmedida se apresenta como uma simples possibilidade.

No terceiro momento da definição de crise, Marx analisa a esfera da produção propriamente dita, em que as crises deixam de ser simples possibilidade e passam a ser fenômeno inevitável. As mudanças no valor da força de trabalho ou dos meios de produção deixam de ser só parcialmente explicadas pelo sistema capitalista e aparecem como resultado pleno da operação contraditória e desmedida. O aspecto contraditório da operação está justamente na tendência inerente do capital de substituir mão de obra por máquinas e equipamentos cada vez mais sofisticados e, com isso, estreitar a base da obtenção do mais-valor. O aspecto desmedido constitui-se, a partir dessa contradição, na diferença entre uma medida formal e uma medida real de valorização.

Ao caráter formal da medida feita pelo capital acrescenta-se o caráter fetichista, pois o capital pretende ter assumido a capacidade de medir por comprar força de trabalho e também por participar da criação de valor. Para o capitalista, os meios de produção criam valor e devem ser contabilizados como custo de produção ao lado do salário dos trabalhadores. Assim, o excedente de valor produzido apenas pelo trabalho deveria ser relacionado à soma de todos esses custos, e não apenas à despesa com a força de trabalho, como é o caso da taxa de mais-valor. O capitalista propõe, então, a taxa de lucro como uma nova forma de calcular a valorização, afirmando-a como mais acurada do que a taxa de mais-valor porque leva em conta todos os itens da despesa com a produção[2]. Essa pretensão está baseada, na verdade, no fetiche do capital, pois o valor dos meios de produção apenas é transferido ao produto pelo trabalho vivo, mas corresponde à ilusão real que efetivamente cria a taxa de

---

[2]   A fórmula da taxa de mais-valor é: mv/v, na qual *mv* é o mais-valor e *v* é a despesa com a força de trabalho. A fórmula da taxa de lucro é: mv/c+v, na qual *mv* é o mais-valor, *v* é a despesa com a força de trabalho e *c* é a despesa com os meios de produção; assim, *c+v* corresponde aos custos totais de produção do capital. Essas fórmulas são apresentadas por Marx no Livro III de *O capital*, em especial nos capítulos 2 e 3. Ver Karl Marx, *O capital*, Livro III (trad. Rubens Enderle, São Paulo, Boitempo, 2017).

lucro e a apresenta como uma medida da valorização rival da taxa de mais-valor.

Contudo, surge um problema quando a taxa de lucro e a taxa de mais-valor vão em direções opostas pela influência da contradição que exclui a força de trabalho do processo de produção. A taxa de lucro tende a cair com o maior emprego de meios de produção, apesar de um eventual crescimento da taxa de mais-valor obtido mediante uma exploração mais intensa da força de trabalho. Em outras palavras, os custos totais de produção crescem devido ao valor mais alto pago pelas máquinas, equipamentos e matérias-primas utilizadas, levando a taxa de lucro à queda, mesmo que os capitalistas explorem mais os trabalhadores e elevem, por consequência, a taxa de mais-valor. A medida formal e fetichista do lucro sobre os custos totais opõe-se à medida real da criação de excedente de valor pela força de trabalho e configura uma oposição de medidas, isto é, uma desmedida. Por mais que os capitalistas tentem resolver o impasse reduzindo seus custos, eles tendem a reduzir custos seja pela demissão de trabalhadores e corte de salários, seja pela diminuição dos salários e encargos trabalhistas dos ainda empregados. Em ambos os casos, as condições que levam à queda da taxa de lucro se reproduzem. Forma-se um círculo vicioso cujo resultado é desestimular novos investimentos e desvalorizar o capital existente no que diz respeito tanto aos meios de produção quanto à mão de obra, com demissões em massa.

Assim, ainda nesse terceiro momento da exposição de Marx, a crise é definida como uma desvalorização significativa do capital presente e do capital futuro. Nos manuscritos do Livro III de *O capital*, Marx explica que o "que ocorre é que se produzem periodicamente meios de trabalho e meios de subsistência numa quantidade excessiva para ser empregados como meios de exploração dos trabalhadores a uma taxa de lucro determinada"[3]. Ou seja, para manter uma taxa de lucro que torne rentável e atraente o investimento, os capitalistas devem reduzir seus custos de produção, mas isso é raro em uma fase de acumulação e crescimento do capital, pois a demanda por mão de obra e meios de produção se eleva constantemente. A demanda em elevação faz subir os salários e o preço das máquinas e das matérias-primas, impedindo que a taxa de lucro ideal seja alcançada. Marx chama essa situação de "sobrevalorização" do capital: a acumulação de capital torna-se excessiva e leva a taxa de lucro a cair, precipitando uma crise.

No quarto momento da definição da crise, o impasse criado por essa desmedida entre a taxa de lucro e o excesso de acumulação determina uma forma ainda mais fetichista de medir a valorização: a taxa de juros. Marx explica que, quando os capitalistas não encontram rentabilidade adequada na esfera da produção de mercadorias, devido à queda da taxa de lucro, eles procuram aplicações na esfera financeira.

As instituições financeiras, como os bancos, por exemplo, têm o papel primordial de concentrar capital na forma de dinheiro para emprestar às empresas do setor produtivo e, com isso, potencializar a acumulação efetiva de capital. Por esse serviço, cobram uma porcentagem sobre o lucro das empresas, chamada genericamente de juro. Os juros fazem parte de um fenômeno relacionado à divisão do mais-valor, agora repassado a outros setores, em especial ao financeiro e ao bancário. Assim, os juros

---

[3] Karl Marx, *O capital*, Livro III, cit., p. 299.

constituem a forma mais desenvolvida de representação prática do sistema capitalista, funcionando como um título de propriedade sobre a produção futura. Marx os considera também a expressão máxima do fetichismo, pois conferem ao capitalista financeiro a possibilidade aparente de criar valor sem a necessidade de produzir mercadorias reais. No entanto, esse valor provém do mais-valor criado no setor produtivo e depende das condições efetivas da exploração do trabalho. Por isso, a taxa de juros oscila de acordo com as variações da taxa de lucro.

Enquanto o capital produtivo se acumular, a taxa de juros pode crescer sem que a parte que lhe cabe dos lucros reduza sensivelmente a parte que fica nas mãos dos capitalistas do setor produtivo. Quando, porém, a taxa de lucro desse setor começa a cair, os banqueiros temem não receber de volta o dinheiro emprestado e elevam a taxa de juros, contribuindo para reduzir ainda mais os lucros dos capitalistas do setor produtivo e desestimular os investimentos na produção real de mercadorias. A taxa de juros e a taxa de lucro tomam caminhos opostos e definem uma desmedida que agrava os prejuízos da crise econômica, pois a inadimplência dos capitalistas do setor produtivo repercute em perdas no setor financeiro, que elevará novamente a taxa de juros, configurando um novo círculo vicioso.

No entanto, o setor financeiro apenas potencializa o efeito destrutivo de uma crise já em curso. Embora também possa deflagrá-la, ele nunca constitui o fundamento da crise. Isso porque o pagamento de juros depende dos lucros obtidos e, mais ainda, da exploração efetiva da força de trabalho. Sem essa base real, todo o sistema de crédito e de valorização financeira não tem como operar a médio e longo prazo, por mais que organize formas sofisticadas de especulação com títulos de propriedade. Acreditar que as crises têm natureza financeira é sucumbir ao fetichismo do capital portador de juros, que pretende criar valor dentro de um circuito de pura representação prática.

Assim, aos quatro momentos do desdobramento do conceito de crise descritos acima, também corresponde um desdobramento da complexidade do fetichismo e da representação. Por um lado, o capital afasta-se gradativamente da fonte criadora de riqueza, o trabalho. Por outro, ele engendra fenômenos cada vez mais incontroláveis, independentes da vontade humana, análogos às forças da natureza. As crises, em particular, manifestam de modo objetivo a contradição inexorável do sistema capitalista e revestem-se de um caráter de fatalidade. A eclosão violenta da oposição entre a taxa de mais-valor (medida real da valorização capitalista) e as taxas de lucro e juros (medidas baseadas no poder formal e fetichista do capital) parece conduzir por si só o capitalismo ao colapso. No entanto, Marx ressalta que todos os fenômenos determinados pela lógica contraditória do capital não passam de tendências que, por sua vez, engendram outras tendências em sentido contrário. O mesmo capítulo do manuscrito do Livro III de *O capital* que expõe as principais tendências de crise expõe também as chamadas contratendências, cuja força equivalente à das tendências faz com que o impulso para a crise se atenue e se realize exatamente como tendência e não como lei férrea.

Em resumo, determinadas por suas tendências, a ocorrência das crises envolve mais do que a mera possibilidade verificada na análise da circulação simples de mercadorias ou na circulação do capital entre as várias fases do processo de valorização. As crises têm seu fundamento nas oposições da esfera da produção capitalista, diretamente vinculadas à relação constitutiva e negativa entre capital e trabalho assalariado. Por isso, as crises não podem deixar de ocorrer. Contudo, as contratendências que as engendram também se fundamentam na esfera da produção e expressam o lado oposto ao da crise, em que o capital é capaz de superar brevemente a contradição que o ameaça e transformá-la em um limite que ele pode ultrapassar. As épocas de crise são, por isso, épocas de relativa indeterminação: surge aí a possibilidade de mudanças radicais, de revoluções. No plano estrito da vida econômica, as tendências inexoráveis se opõem, abrindo caminho para uma ação transformadora em todos os planos da vida social.

6. História e revolução

O esforço de Marx em detectar as características profundas e os limites inerentes ao capitalismo sempre esteve ligado à luta para transformar radicalmente esse sistema. Na época em que era editor da *Gazeta Renana* e propunha o sufrágio universal como saída para derrotar a aristocracia prussiana, o episódio do "furto" de lenha e o contato com o socialismo francês fizeram com que Marx localizasse a origem do conflito social num nível mais profundo do que o dos direitos políticos. Nessa época, justamente, escreveu: "Ser radical é agarrar as coisas pela raiz"[1] e descobriu que a raiz desse conflito é a propriedade privada dos meios de produção, da qual os trabalhadores são excluídos, tornando-se meros assalariados.

A partir desse diagnóstico do presente, Marx constatou que a distribuição assimétrica dos meios de produção havia determinado a vida social também em outras épocas da história, cindindo as sociedades em grupos opostos, conforme dividissem entre si os meios que garantiam sua sobrevivência. Marx chamou esses grupos sociais de "classes", afastando-se da terminologia jurídica e sociológica da época, que preferia a palavra "estamento", cujo

---

[1] Karl Marx, *Crítica da filosofia do direito de Hegel* (trad. Rubens Enderle e Leonardo de Deus, São Paulo, Boitempo, 2005), p. 153.

significado aproxima-se ao das categorias profissionais de hoje em dia. Em vez de vários estamentos definidos por múltiplas profissões possíveis, Marx distingue duas classes sociais básicas: aquela que se apropria dos principais meios de produção e aquela que é despojada da propriedade desses meios pela primeira. A forma como ocorreu essa apropriação e esse despojamento variou em cada época e criou classes opostas, tais como, nas célebres palavras do *Manifesto Comunista*, "homem livre e escravo, patrício e plebeu, senhor feudal e servo, mestre de corporação e companheiro, em resumo, opressores e oprimidos"[2], cujos modernos descendentes são o capitalista e o assalariado.

Marx propõe que o elemento propulsor da vida social em todas as sociedades divididas em classes ao longo da história tem sido a oposição e a luta entre essas classes, luta que nenhuma conciliação política pode eliminar definitivamente, apenas atenuar ou mascarar. Com isso, Marx mudou o sentido de toda a tradição do pensamento político ocidental. Em vez de conceber o Estado como uma instituição neutra, criada para harmonizar conflitos, Marx concebeu-o basicamente como um instrumento de poder da classe dominante. Embora a luta de classes possa ocorrer, em cada época, como disputa política, ela extrapola esse âmbito e tende a redistribuir a posse dos meios de produção, estabelecendo novas relações de produção e gerando novas classes sociais. Para Marx, a redistribuição completa dos meios de produção define a verdadeira revolução social e marca a transição de uma época histórica para outra. O que está em jogo é o surgimento de novas

---

[2] Karl Marx e Friedrich Engels, *Manifesto Comunista* (trad. Álvaro Pina e Ivana Jinkings, São Paulo, Boitempo, 1998), p. 40.

relações de produção, mais do que a mera ascensão de uma classe ao poder político.

Contudo, a revolução das relações sociais depende não apenas da luta das classes, mas também de transformações no próprio modo de produzir, isto é, nos métodos e na organização do processo de trabalho, que Marx chama de "forças produtivas". A transformação nas forças produtivas altera constantemente os próprios meios de produção, introduzindo ferramentas e técnicas que podem criar a necessidade de alterar também sua distribuição entre as classes sociais, de modo a impor novos conflitos entre elas. Esse nexo entre as relações sociais de produção e as forças produtivas é a base da concepção geral da história que Marx delineou com Engels em sua juventude, mas que não chegou a ser desenvolvida, aparecendo apenas como pressuposto da crítica da economia política.

Segundo essa concepção, cada forma das relações sociais de produção permite um determinado tipo de desenvolvimento das forças produtivas, uma determinada relação com a natureza. Marx não considerava o desenvolvimento das técnicas e dos métodos de trabalho como um processo independente da forma assumida pelas relações sociais. Ao contrário, para ele, uma forma específica de relação social desenvolve um tipo específico de tecnologia. No entanto, essa interdependência entre as relações de produção e as forças produtivas não implica que elas sempre se complementem. O prefácio de *Contribuição à crítica da economia política* descreve, antes, um movimento negativo:

> em uma certa etapa de seu desenvolvimento, as forças produtivas materiais da sociedade entram em contradição com as relações de produção existentes, ou, o que não é mais que sua

expressão jurídica, com as relações de propriedade no seio das quais elas se haviam desenvolvido até então. De formas evolutivas das forças produtivas que eram, essas relações convertem-se em entraves. Abre-se, então, uma época de revolução social.[3]

A complementaridade entre relações de produção e forças produtivas se transforma em oposição aberta. No curso de sua mútua determinação, chega um momento no qual o desenvolvimento de um tipo de força produtiva ultrapassa as relações sociais que o propiciaram e passa a exigir outras condições, outra distribuição dos meios de produção a fim de que as relações de produção não se tornem "entraves" para as forças produtivas e essas forças produtivas não se convertam em forças destrutivas.

Em linhas gerais, essa é a concepção que permitiu a Marx se afastar da historiografia de seu tempo, cujo tema eram os povos e as civilizações e cujo enfoque eram os feitos de grandes indivíduos. Em vez disso, Marx analisou a história sob a perspectiva dos modos de produção, definidos pela dinâmica tensa entre relações de produção e forças produtivas. Como exemplo, ainda no prefácio de *Contribuição à crítica da economia política*, Marx menciona alguns modos de produção, como o "asiático, o antigo, o feudal e o burguês moderno", mas sublinha que essa enumeração representa a história apenas em "grandes traços"[4].

Que a pluralidade de modos de produção encontrados na história humana não se esgota nesses exemplos e que eles não formam de maneira alguma uma sequência inevitável,

---

[3]   Karl Marx, *Contribuição à crítica da economia política* (trad. Florestan Fernandes, 2. ed., São Paulo, Expressão Popular, 2008), p. 47.

[4]   Ibidem, p. 48.

fica demonstrado por outros textos de Marx, como *O 18 de Brumário de Luís Bonaparte*, que se refere ao "modo de produção dos camponeses parceleiros" da França do século XIX[5]. Trata-se de um modo de produção muito particular no tempo e no espaço, resultante da reforma agrária realizada na Revolução Francesa de 1789, sob o governo de Napoleão Bonaparte; de jeito nenhum ele se enquadra em um dos modos de produção enumerados nos "grandes traços" esboçados no prefácio de 1859. Tampouco se encontra em Marx uma passagem esquemática de um modo de produção para outro: em seus escritos, não há nenhum indício de um percurso progressivo e único, em que determinados modos de produção configurariam etapas de um desenvolvimento teleológico. Como em outros momentos de sua obra, Marx destaca a relativa indeterminação e a dinâmica dos processos sociais.

É dentro do quadro geral da oposição entre relações de produção e forças produtivas que a luta de classes pode abrir caminho para uma revolução efetiva das relações sociais existentes. Nesse quadro, uma das condições fundamentais da ação humana seria, segundo a conhecida sentença de *O 18 de Brumário*, que:

> os homens fazem a sua própria história; contudo, não a fazem de livre e espontânea vontade, pois não são eles quem escolhem as circunstâncias sob as quais ela é feita, mas estas lhes foram transmitidas assim como se encontram. A tradição de todas as gerações passadas é como um pesadelo que comprime o cérebro dos vivos.[6]

---

[5] Idem, *O 18 de Brumário de Luís Bonaparte* (trad. Nélio Schneider, São Paulo, Boitempo, 2011), p. 142.

[6] Ibidem, p. 25.

As "circunstâncias" que delimitam as possibilidades da ação transformadora sempre se referem, em última análise, à dinâmica entre as condições materiais da vida e as relações sociais. Essa dinâmica, por sua vez, altera constantemente o conjunto das classes em oposição. A partir das duas classes que Marx descobre na base de qualquer distribuição conflitiva da posse dos meios de produção, articulam-se classes intermediárias, classes remanescentes de formas sociais anteriores e frações de classe derivadas da subdivisão dentro de cada uma das duas classes principais. Todo esse tecido complexo sempre se compõe e recompõe conforme a distribuição dos meios de produção modifica a tecnologia existente. Com isso, não só a própria tecnologia se torna, em parte, obsoleta, mas também profissões se extinguem, novas surgem, processos manuais passam a ser executados por máquinas. De modo correspondente, algumas classes e frações de classe deixam de existir, levando consigo seu modo de vida e de pensamento, enquanto novas classes e frações de classe nascem.

A análise política que Marx fez a partir de acontecimentos por ele vividos ou observados situava precisamente as condições materiais na trama sinuosa desses grupos sociais em suas alianças ou conflitos. Marx avaliava a correlação de forças desses grupos para entender a capacidade de cada um de impor seu interesse de classe aos demais ou ter de negociá-lo com aliados. A luta pelo poder passa a ser definida, então, como uma forma da luta de classes, mesmo quando ocorre pelo controle dos mecanismos do Estado – que as análises políticas convencionais, diga-se de passagem, consideram um fim em si mesmo.

Marx também descarta o argumento de que a política é regida pelo jogo das ambições pessoais de indivíduos proeminentes em disputa para exercerem seu mando. Embora sejam os atores que ocupam o primeiro plano, esses indivíduos só têm poder como representantes das classes e das frações de classe que os apoiam e seu poder se restringe ao tempo que durar esse apoio. Toda a sua habilidade consiste, na verdade, em negociar e renegociar permanentemente o apoio e, ao mesmo tempo, em disfarçá-lo para ocultar os interesses de classe que estão, de fato, em jogo.

No entanto, a impressão de que o indivíduo é o protagonista da política não é um acaso. Ela corresponde perfeitamente ao modo como os laços sociais se estabelecem na sociedade burguesa: pela mediação de coisas produzidas e trocadas. As pessoas se veem como átomos, unidos de modo eventual e voluntário mediante contratos que podem ser feitos e desfeitos a qualquer momento. Ao contrário, Marx afirma que na sociedade burguesa a proeminência do indivíduo é apenas parcial, limitada pelo caráter formal de contratos que supõem a igualdade jurídica das partes envolvidas. Os indivíduos pretendem ser agentes livres, sem perceber que essa aparente liberdade é o aspecto distorcido, ideológico, da realidade fetichista.

Segundo os manuscritos escritos com Engels entre 1845 e 1847, "privados de todo conteúdo real de vida", os indivíduos "se tornaram indivíduos abstratos, mas que somente assim são colocados em condições de estabelecer relações uns com os outros *na qualidade de indivíduos*"[7]. O conceito mesmo de indivíduo, portanto, é deformado pela "abstração" de todas as características pessoais singulares que deveriam compor uma individualidade plena e são

---

[7]   Karl Marx e Friedrich Engels, *A ideologia alemã* (trad. Rubens Enderle, Nélio Schneider e Luciano Cavini Martorano, São Paulo, Boitempo, 2007), p. 72.

desconsideradas nas relações de tipo contratual. O "indivíduo abstrato", capaz de firmar contratos e representar sua classe social no cenário político, resulta de condições históricas bem específicas, ligadas a uma forma de divisão do trabalho assim descrita nos referidos manuscritos:

> Logo que o trabalho começa a ser distribuído, cada um passa a ter um campo de atividade exclusivo e determinado, que lhe é imposto e ao qual não pode escapar; o indivíduo é caçador, pescador, pastor ou crítico crítico, e assim deve permanecer se não quiser perder seu meio de vida – ao passo que, na sociedade comunista, onde cada um não tem um campo de atividade exclusivo, mas pode aperfeiçoar-se em todos os ramos que lhe agradam, a sociedade regula a produção geral e me confere, assim, a possibilidade de fazer hoje isto, amanhã aquilo, de caçar pela manhã, pescar à tarde, à noite dedicar--me à criação de gado, criticar após o jantar, exatamente de acordo com a minha vontade, sem que eu jamais me torne caçador, pescador, pastor ou crítico.[8]

Conforme o trecho, na sociedade burguesa a profissão classifica quem a exerce, isto é, qualifica quem caça de "caçador" e quem pesca de "pescador", ignorando que uma pessoa seja mais do que isso nas relações que estabelece com as outras. O contraponto é a sociedade comunista, na qual a divisão do trabalho não impõe uma profissão que classifica a pessoa e, por isso, a habilita a ser membro de um grupo. Apenas na sociedade comunista a pessoa poderia desenvolver as qualidades singulares que fazem dela um indivíduo no sentido pleno da palavra, não "abstrato", mas concreto, vivo e complexo. Apenas

---

[8] Ibidem, p. 37-8.

nela o indivíduo poderia afirmar sua vontade livre e tornar-se senhor de seu destino.

A crítica de Marx à sociedade capitalista é radical justamente porque incide sobre um dos aspectos mais estimados da autoimagem burguesa: a liberdade individual. Ao contrário do que afirmam seus ideólogos, na sociedade capitalista o indivíduo acredita ser livre porque não enxerga as amarras sociais que condicionam seu pensamento e sua ação. Por isso, o contraste com o comunismo é extremamente provocador. Ao definir a sociedade comunista por suas relações sociais diretas, sem a mediação fetichista da relação entre coisas, Marx expõe os elementos do que considera ser a verdadeira liberdade: as pessoas podem se relacionar como indivíduos de fato autônomos, e não mais determinados pela classe a que pertencem; elas são qualificadas pelo conjunto de sua personalidade e não pela profissão que exercem; elas estabelecem relações a partir de sua vontade e decidem em conjunto com as demais seus interesses recíprocos, sem a mediação de instituições políticas como o Estado. As classes sociais desparecem com a socialização da propriedade dos meios de produção, e todas as formas de opressão de classe perdem sua razão de ser.

É preciso lembrar que o comunismo, ainda segundo os manuscritos citados, não se projeta num futuro idealizado:

> o comunismo não é [...] um *estado de coisas* que deve ser instaurado, um *Ideal* para o qual a realidade deverá se direcionar. Chamamos de comunismo o movimento *real* que supera o estado de coisas atual. As condições desse movimento [...] resultam dos pressupostos atualmente existentes.[9]

---

[9] Ibidem, nota a, p. 38.

Em outras palavras, o comunismo não consiste em uma utopia como algo que tem lugar na imaginação ou na afirmação da vontade subjetiva. Tampouco é uma força histórica teleológica, isto é, um "ideal" situado no futuro, orientando o presente. Não se trata de "um estado de coisas" claro e definido que determine "o estado de coisas atual", como um efeito que se converte em causa. Para Marx e Engels, o comunismo é um "movimento real que supera" o capitalismo por meio das forças negativas desencadeadas pelo próprio capital. O comunismo está enraizado no "estado de coisas" do capital como seu avesso, como a possibilidade aberta pela irrupção da contradição imanente evidenciada em cada uma de suas crises.

Como as crises correspondem a tendências destrutivas do sistema capitalista às quais sempre se opõem contratendências restauradoras, a "instauração do estado de coisas" comunista não pode ser realizada apenas pelas forças inerentes ao capital. Nesse momento, a luta de classes surge como elemento decisivo. Retomando as palavras de *O 18 de Brumário*, apesar de todo o quadro de circunstâncias que restringem a "manifestação da livre e espontânea vontade", os "homens fazem sua própria história". Eles podem aproveitar um momento de impasse político ou de crise econômica mais longa e profunda para lutar por uma redistribuição da propriedade e da forma de propriedade dos meios de produção. Podem transformar, desde a raiz, todo o modo de vida determinado pelo capital. Essa dimensão de crítica efetiva e de superação real do sistema capitalista foi chamada por Marx de "práxis".

A práxis é a unidade entre teoria e prática revolucionárias, de modo que uma sempre retifica a outra: ao se converter em projeto de ação transformadora, um diagnóstico particular da realidade social pode se revelar em parte ou totalmente equivocado, devendo ser corrigido em parte ou em seu todo; o novo diagnóstico resultante dessa prova prática, por sua vez, deve reorientar o sentido da ação anterior, informando-a sobre os limites do que pode ser feito e também sobre as chances abertas pela situação agora diagnosticada mais corretamente. Essa dialética se resolve, repondo-se de forma mais complexa no decorrer do processo de transformação das relações de produção existentes, pois leva em conta as novas condições de luta trazidas por forças produtivas em contínua mudança.

O poder da classe trabalhadora de revolucionar as condições sociais que a colocam na posição subalterna de classe explorada sempre esteve diante dos olhos de Marx. Ele pensou e escreveu toda a sua obra com a intenção de contribuir para essa luta e para a transformação social destinada a eliminar a sociedade de classes. Além disso, Marx participou das revoluções de 1848 e, depois de exilado na Inglaterra, manteve extensa correspondência com organizações de trabalhadores em toda a Europa e América do Norte. Marx também foi um dos fundadores da Primeira Associação Internacional dos Trabalhadores, em 1864, e seu secretário-geral desde essa data até sua dissolução, em 1872. A conjugação de sua militância pessoal com a preparação de uma obra que chamou de "crítica e revolucionária" no esclarecedor posfácio à segunda edição de *O capital*[10] fez de Marx a principal referência no campo socialista já no final do século XIX e ao longo de todo o século XX.

---

[10] Karl Marx, *O capital*, Livro I (trad. Rubens Enderle, São Paulo, Boitempo, 2011), p. 91.

Apesar disso, Marx não concordava que seu nome fosse dado a uma vertente política e teórica. No final da vida, irritava-se com o termo "marxista", que começava a circular. Marx expressou claramente essa posição em conversa com seu genro Paul Lafargue (1842-1911), a quem declarou: "o certo é que eu mesmo não sou marxista"[11]. Marx não era discípulo de si mesmo, não era obrigado, por deveres de coerência, a manter uma opinião que depois considerasse errada ou ignorar aspectos da realidade que não se enquadrassem no que já havia dito e escrito. Era o autor de seu pensamento, cuja força advém justamente do fato de nunca estar acabado, cristalizado, enrijecido. Adequada ao mundo contraditório e mutante, a obra teórica e prática de Marx possui a plasticidade que a mantém viva, a despeito de ter sua morte tantas vezes decretada.

---

[11] No original, em francês, "ce qu'il y a de certain c'est que moi, je ne suis pas marxiste". Citado por Engels em carta a Eduard Bernstein de 2-3 de novembro de 1882. Ver *Marx-Engels Werke* (MEW) (Berlim, Dietz, 1967), v. 35, p. 388.

Referências bibliográficas

FEUERBACH, Ludwig. *A essência do cristianismo*. Trad. José da Silva Brandão, 4. ed., Petrópolis, Vozes, 2013.

MARX, Karl. *Miséria da filosofia*. Trad. José Paulo Netto, São Paulo, Boitempo, 2017.

_____. *O capital: crítica da economia política*, Livro III: *O processo global da produção capitalista*. Trad. Rubens Enderle, São Paulo, Boitempo, 2017.

_____. *Grundrisse*: manuscritos econômicos de 1857-1858 – esboços da crítica da economia política. Trad. Mario Duayer e Nélio Schneider, com a colaboração de Alice Helga Werner e Rudiger Hoffman, São Paulo, Boitempo, 2011.

_____. *O 18 de Brumário de Luís Bonaparte*. Trad. Nélio Schneider, São Paulo, Boitempo, 2011.

_____. *O capital: crítica da economia política*, Livro I: *O processo de produção do capital*. Trad. Rubens Enderle, 2. ed., São Paulo, Boitempo, 2011.

_____. *Para a crítica da economia política*: manuscrito de 1861-1863 (cadernos I a V) – *Terceiro Capítulo*: o capital em geral. Trad. Leonardo de Deus, Belo Horizonte, Autêntica, 2010.

_____. *Contribuição à crítica da economia política*. Trad. Florestan Fernandes, 2. ed., São Paulo, Expressão Popular, 2008.

_____; ENGELS, Friedrich. *A ideologia alemã*: crítica da mais recente filosofia alemã em seus representantes Feuerbach, B. Bauer e Stirner, e do socialismo alemão em seus diferentes profetas (1845-1846). Trad. Rubens Enderle, Nélio Schneider e Luciano Cavini Martorano, São Paulo, Boitempo, 2007.

90 / Marx: uma introdução

_____. *Crítica da filosofia do direito de Hegel.* Trad. Rubens Enderle e Leonardo de Deus, São Paulo, Boitempo, 2005.

_____; ENGELS, Friedrich. *Manifesto Comunista.* Trad. Álvaro Pina e Ivana Jinkings, São Paulo, Boitempo, 1998.

_____. *Teorias da mais-valia*: história crítica do pensamento econômico, v. II. Trad. Reginaldo Sant'Anna, São Paulo, Difel, 1983.

ROSDOLSKY, Roman. *Gênese e estrutura de* O capital *de Karl Marx.* Trad. César Benjamin, Rio de Janeiro, Eduerj/Contraponto, 2001.

SMITH, Adam. *A riqueza das nações.* Trad. Luiz João Baraúna, São Paulo, Nova Cultural, 1996. 2 v.

Bibliografia sugerida

ANDERSON, Kevin. *Marx nas margens:* nacionalismo, etnias e sociedades não ocidentais. Trad. Allan Hillani e Pedro Davoglio, São Paulo, Boitempo, 2019.

GRESPAN, Jorge. *O negativo do capital.* São Paulo, Expressão Popular, 2012.

_____. *Marx e a crítica do Modo de Representação Capitalista*, São Paulo, Boitempo, 2019.

HARVEY, David. *Para entender* O capital, *Livro I.* Trad. Rubens Enderle, São Paulo, Boitempo, 2013.

_____. *Para entender* O capital, *Livros II e III.* Trad. Rubens Enderle, São Paulo, Boitempo, 2014.

HEINRICH, Michael. *Karl Marx e o nascimento da sociedade moderna.* Trad. Claudio Cardinali, São Paulo, Boitempo, 2018.

KONDER, Leandro. *A questão da ideologia.* São Paulo, Companhia das Letras, 2002.

_____. *Em torno de Marx*, São Paulo, Boitempo, 2010.

LOSURDO, Domenico. *Marx, Hegel e a tradição liberal*: liberdade, igualdade e Estado. Trad. Carlos Alberto Fernando Nicola Dastoli, São Paulo, Unesp, 1998.

LÖWY, Michael. *A teoria da revolução no jovem Marx.* Trad. Anderson Gonçalves, São Paulo, Boitempo, 2012.

MANDEL, Ernest. *A formação do pensamento econômico de Karl Marx*: de 1843 até a redação de *O capital.* Trad. Carlos Henrique Escobar, Rio de Janeiro, Zahar, 1968.

MUSTO, Marcello. *O velho Marx*: uma biografia de seus últimos anos (1881-1883). Trad. Rubens Enderle, São Paulo, Boitempo, 2018.

NETTO, José Paulo. *Marx, uma biografia*, São Paulo, Boitempo, 2020.

REICHELT, Helmut. *Sobre a estrutura lógica do conceito de capital em Karl Marx*. Trad. Nélio Schneider, Campinas, Unicamp, 2013.

ROSDOLSKY, Roman. *Gênese e estrutura de* O capital *de Karl Marx*. Trad. César Benjamin, Rio de Janeiro, Eduerj/Contraponto, 2001.

Obras de Marx publicadas no Brasil

MARX, Karl. *Nova Gazeta Renana*: Órgão da democracia. Trad. Lívia Cotrim, São Paulo, Expressão Popular, 2021. 2 v.

_____. *Últimos escritos econômicos*: manuscrito de 1879-1880. Trad. Hyury Pinheiro, São Paulo, Boitempo, 2020.

_____. *Salário, preço e lucro*. Trad. Eduardo Saló, São Paulo, Edipro, 2020.

_____. *A diferença entre a filosofia da natureza de Demócrito e a de Epicuro*. Trad. Nélio Schneider, São Paulo, Boitempo, 2018.

_____. *Escritos ficcionais:* Escorpião e Félix/Oulanem. Trad. Claudio Cardinali, Flávio Aguiar e Tercio Redondo, São Paulo, Boitempo, 2018.

_____. *Os despossuídos*: debates sobre a lei referente ao furto de madeira. Trad. Nélio Schneider, São Paulo, Boitempo, 2017.

_____. *O 18 de Brumário de Luís Bonaparte*. Trad. Karina Jannini, São Paulo, Edipro, 2017.

_____. *O capital: crítica da economia política,* Livro III: *O processo global da produção capitalista*. Trad. Rubens Enderle, São Paulo, Boitempo, 2017.

_____. *Miséria da filosofia*. Trad. José Paulo Netto, São Paulo, Boitempo, 2017.

_____. *Cadernos de Paris & Manuscritos econômico-filosóficos*. Trad. José Paulo Netto e Maria Antónia Pacheco, São Paulo, Expressão Popular, 2015.

_____. *O capital: crítica da economia política,* Livro II: *O processo de circulação do capital*. Trad. Rubens Enderle, São Paulo, Boitempo, 2014.

94 / Marx: uma introdução

_____; ENGELS, Friedrich. *Lutas de classes na Rússia*. Trad. Nélio Schneider, São Paulo, Boitempo, 2013.

_____. *Crítica do Programa de Gotha*. Trad. Rubens Enderle, São Paulo, Boitempo, 2012.

_____. *As lutas de classes na França de 1848 a 1850*. Trad. Nélio Schneider, São Paulo, Boitempo, 2012.

_____; ENGELS, Friedrich. *Manifesto do partido comunista*. Trad. Sérgio Tellaroli, São Paulo, Penguin, 2012.

_____. *A guerra civil na França*. Trad. Rubens Enderle, São Paulo, Boitempo, 2011.

_____. *O capital: crítica da economia política,* Livro I: *O processo de produção do capital*. Trad. Rubens Enderle, 2. ed., São Paulo, Boitempo, 2011.

_____. *Grundris*se: manuscritos econômicos de 1857-1858. Esboços da crítica da economia política. Trad. Mario Duayer e Nélio Schneider, com a colaboração de Alice Helga Werner e Rudiger Hoffman, São Paulo, Boitempo, 2011.

_____. *O 18 de Brumário de Luís Bonaparte*. Trad. Nélio Schneider, São Paulo, Boitempo, 2011.

_____; ENGELS, Friedrich. *Lutas de classes na Alemanha*. Trad. Nélio Schneider, São Paulo, Boitempo, 2010.

_____. *Sobre a questão judaica*. Trad. Nélio Schneider, São Paulo, Boitempo, 2010.

_____. *Para a crítica da economia política*: manuscrito de 1861-1863 (cadernos I a V) – *Terceiro Capítulo*: o capital em geral. Trad. Leonardo de Deus, Belo Horizonte, Autêntica, 2010.

_____; ENGELS, Friedrich. *Manifesto comunista*. Trad. Marcus Vinicius Mazzari, São Paulo, Hedra, 2010.

_____. *Contribuição à crítica da economia política*. Trad. Florestan Fernandes, 2. ed., São Paulo, Expressão Popular, 2008.

_____; ENGELS, Friedrich. *A ideologia alemã*: crítica da mais recente filosofia alemã em seus representantes Feuerbach, B. Bauer e Stirner, e do socialismo alemão em seus diferentes profetas (1845-1846). Trad. Rubens Enderle, Nélio Schneider e Luciano Cavini Martorano, São Paulo, Boitempo, 2007.

Obras de Marx publicadas no Brasil / 95

_____. *Sobre o suicídio*. Trad. Rubens Enderle e Francisco Fontanella, São Paulo, Boitempo, 2006.

_____. *Crítica da filosofia do direito de Hegel*. Trad. Rubens Enderle e Leonardo de Deus, São Paulo, Boitempo, 2005.

_____. *Manuscritos econômico-filosóficos*. Trad. Jesus Ranieri, São Paulo, Boitempo, 2004.

_____; ENGELS, Friedrich. *A sagrada família ou A crítica da Crítica crítica contra Bruno Bauer e consortes*. Trad. Marcelo Backes, São Paulo, Boitempo, 2003.

_____; ENGELS, Friedrich. *Manifesto Comunista*. Trad. Álvaro Pina e Ivana Jinkings, São Paulo, Boitempo, 1998.

_____. *Teorias da mais-valia*: história crítica do pensamento econômico. v. III. Trad. Reginaldo Sant'Anna, São Paulo, Difel, 1985.

_____. *Teorias da mais-valia*: história crítica do pensamento econômico, v. II. Trad. Reginaldo Sant'Anna. São Paulo, Difel, 1983.

_____. *Teorias da mais-valia*: história crítica do pensamento econômico, v. I. Trad. Reginaldo Sant'Anna, Rio de Janeiro, Civilização Brasileira, 1980.

Cronologia

1818 Em 5 de maio, nasce Karl Marx, filho de Heinrich e Enriqueta Marx, em Trier. A cidade, na região do Reno alemão, estava sob domínio da Prússia desde a derrota de Napoleão em 1815.

1830 Marx ingressa no Liceu Friedrich Wilhelm, em Trier.

1836 Inicia o curso de Direito na Universidade de Bonn.

1837 Transfere-se para a Universidade de Berlim, onde logo abandona o curso de Direito e começa o de Filosofia. Conhece o grupo dos chamados "jovens hegelianos" e se dedica a estudar o pensamento de Hegel, então dominante na Alemanha.

1838 Morte do pai.

1841 Na Universidade de Iena, defende tese de doutorado sobre a filosofia clássica de Demócrito e Epicuro, na qual já demonstra seu interesse pelo materialismo.

1843 Casa-se com Jenny von Westphalen, também de Trier. Depois de perder o emprego de jornalista na *Gazeta Renana*, Marx exila-se em Paris, onde conhece Pierre-Joseph Proudhon, Mikhail Bakunin e o poeta Heinrich Heine, além de estreitar a amizade com Friedrich Engels.

1844 Com Arnold Ruge, edita e publica o único volume dos *Anais Franco-alemães*. Contribui com dois ensaios: "A questão judaica" e "Introdução a uma crítica da filosofia do direito de Hegel". No periódico *Vorwärts!* publica artigo sobre uma greve na Silésia. Nasce sua primeira filha, Jenny.

98 / Marx: uma introdução

1845 Descontente com o artigo sobre a greve na Silésia, o governo prussiano pede à França a expulsão de Marx. Muda-se com a família para Bruxelas. Com Engels, publica *A sagrada família*. Nasce sua segunda filha, Laura.

1846 Nasce seu terceiro filho, Edgar.

1847 Em Bruxelas, filia-se à Liga dos Justos, logo renomeada Liga dos Comunistas, e publica *A miséria da filosofia*, obra na qual critica duramente Proudhon.

1848 Com Engels, redige e publica o *Manifesto do Partido Comunista*, sob encomenda da Liga dos Comunistas. Participa da revolução em Colônia.

1849 Expulso da Bélgica, Marx tenta, em vão, voltar para a França. Nasce seu quarto filho, Guido.

1850 Termina por se fixar em Londres. Morte do filho Guido.

1851 Passa a contribuir para o *New York Daily Tribune*, mas é Engels quem redige os primeiros textos. Nasce sua quinta filha, Francisca.

1852 Para o periódico estadunidense *Die Revolution* envia artigos que mais tarde comporão o livro *O 18 de Brumário de Luís Bonaparte*. Morre sua filha Francisca.

1855 Passa a escrever para a *Neue Oder Zeitung*. Nasce sua sexta filha, Eleanor. Morre seu filho Edgar.

1857 Começa a elaborar os manuscritos que serão publicados depois de sua morte, como *Grundrisse*. Tem um novo filho, natimorto.

1859 A partir da reelaboração da primeira parte dos manuscritos de 1857-8, publica o livro *Para a crítica da economia política*.

1861 Recomeça os estudos de economia política e, até 1863, escreve vinte e três cadernos de notas, parte dos quais servirá de material para a publicação do livro intitulado *As teorias do mais-valor* por Karl Kautsky, entre 1905 e 1910.

1862 Fim da colaboração com o periódico *New York Daily Tribune*.

1863 Retoma mais uma vez as anotações sobre economia política com a intenção de escrever um livro intitulado *Crítica da economia política*. As anotações serão a base dos três volumes de *O capital*. Morte da mãe. A herança ameniza as dificuldades financeiras pelas quais Marx e sua família vinham passando nos últimos anos.

1864 Participa da fundação da Associação Internacional dos Trabalhadores, na qual ocupa o cargo de secretário e a cujas atividades dedica-se com vigor nos anos seguintes, apesar dos intensos estudos de economia.

1867 Como resultado de mais de uma década de estudo, finalmente publica o primeiro volume de *O capital*. Interrompe a planejada publicação dos volumes seguintes por problemas de saúde.

1871 Por ocasião da Comuna de Paris, escreve o texto *A guerra civil na França*, rompendo com Bakunin.

1873 Sai a segunda edição alemã de *O capital*, com importantes revisões feitas por Marx no texto da primeira edição.

1875 Escreve a *Crítica ao Programa de Gotha*, programa do partido social-democrata alemão.

1877 Retoma a preparação do segundo volume de *O capital*, interrompido dois anos depois pelo agravamento dos constantes problemas de saúde.

1881 Morre sua esposa Jenny.

1883 Morre em 14 de março em Londres e é sepultado no cemitério de Highgate.

Sobre o autor

Jorge Grespan nasceu em Porto Alegre, em 1959. Graduado em economia (1980) e em história (1982) pela Universidade de São Paulo (USP), fez doutorado em filosofia na Universidade Estadual de Campinas (1994) e pós-doutorado na Universidade Livre de Berlim (1996--1997). É professor titular do Departamento de História da FFLCH-USP e autor de *O negativo do capital* (Hucitec, 1998; Expressão Popular, 2012), *Iluminismo e revolução francesa* (Contexto, 2003) e *Marx e a crítica do modo de representação capitalista* (Boitempo 2019).

OUTROS LANÇAMENTOS DA BOITEMPO

Che Guevara e a luta revolucionária na Bolívia
LUIZ BERNARDO PERICÁS
Orelha de **Michael Löwy**
Quarta capa de **Werner Altmann** e **Osvaldo Coggiola**

Como a China escapou da terapia de choque
ISABELLA WEBER
Tradução de **Diogo Fagundes**
Revisão técnica e orelha de **Elias Jabbour**

Marx, esse desconhecido
MICHAEL LÖWY
Tradução de **Fabio Mascaro Querido**
Orelha de **Valerio Arcary**

MARX-ENGELS

Resumo de O capital
FRIEDRICH ENGELS
Tradução de **Nélio Schneider** e
Leila Escorsim Netto (cartas)
Apresentação de **Lincoln Secco**
Orelha de **Janaína de Faria**

MUNDO DO TRABALHO

Coordenação de Ricardo Antunes
Conselho editorial: Graça Druck, Luci Praun,
Marco Aurélio Santana, Murillo van der Laan,
Ricardo Festi, Ruy Braga

A angústia do precariado
RUY BRAGA
Prefácio de **Sean Purdy**
Orelha de **Silvio Almeida**

Folha de rosto da primeira edição
de *A guerra civil na França*,
publicada em Leipzig, em 1871.

Publicado em 2021, 150 anos depois do lançamento
de *A guerra civil na França*, de Karl Marx, este livro
foi composto em Adobe Garamond Pro, 11/14,4,
e reimpresso em papel Avena 80 g/m², pela gráfica
Mundial, para a Boitempo, em outubro de 2024,
com tiragem de 3 mil exemplares.